El Pájaro de la Verdad y Otros Cuentos de Encantamiento

The Birds of Truth and Other Tales of Enchantment

[Bilingual Edition]

Spanish – English

by Cecilia Böhl de Faber

Translated by Möwenstein

ISBN: 979-8-89513-199-2

Original text: *The Birds of Truth and Other Tales of Enchantment* (1861)
by Cecilia Böhl de Faber (1796-1877)

This bilingual edition—including translation, editorial revisions, formatting, and supplementary content—is produced and edited by Mowenstein Books LLC, with the original text faithfully reproduced from public-domain sources.

While every effort has been made to ensure accuracy, minor discrepancies may occur. Readers are encouraged to consult the original text for reference.

Cover Art: Inspired by *Hustling Sunlight* by Matthew Bakkom (www.hustlingsunlight.xyz)

Möwenstein Books™ is a trademark of and imprint published by Mowenstein Books LLC.

For permissions or inquiries:

Website: mowenstein.com
Email: copyright@mowenstein.com

Mowenstein Books LLC
DE, USA

Contents

La hormiguita
The Little Ant

1.1 Había vez y vez una hormiguita tan primorosa, tan concertada, tan hacendosa, que era un encanto.
Once upon a time, there was a little ant that was so beautiful, so well-concerted, so industrious, that she was a real charmer.

1.2 Un día que estaba barriendo la puerta de su casa,
One day when she was sweeping the door of her house,

1.3 se halló un ochavito. Dijo para sí:
she found a little egg. She said to herself:

1.4 ¿Qué haré con este ochavito? ¿Compraré piñones? No, que no los puedo partir.
"What shall I do with this ochavito, shall I buy pine nuts? No, I can't break them.

1.5 ¿Compraré merengues? No, que es una golosina.
Shall I buy meringues? No, it's a candy.

Pensolo más, y se fue a una tienda, donde compró un
poco de arrebol, se lavó, se peinó, se aderezó, se puso
su colorete y se sentó a la ventana.

1.6

She thought about it some more, and went to a store, where
she bought some arrebol, washed herself, combed her hair,
dressed herself, put on her blusher and sat down at the
window.

Ya se ve; como que estaba tan acicalada y tan bonita,

1.7

You see; as she was so preened and so pretty,

todo el que pasaba se enamoraba de ella. Pasó un toro,

1.8

everyone who passed by fell in love with her. A bull
passed by,

y la dijo:

1.9

and said to her:

– Hormiguita, ¿te quieres casar conmigo?

2.1

– Little ant, will you marry me?

– ¿Y cómo me enamorarás?

3.1

– And how will you make me fall in love?

– respondió la hormiguita.

3.2

– answered the little ant.

El toro se puso a rugir;

4.1

The bull began to roar;

la hormiga se tapó los oídos con ambas patas.

4.2

the ant covered his ears with both legs.

5.1 – Sigue tu camino - le dijo al toro-, que me asustas, me asombras y me espantas.

– Go on your way," he said to the bull, "you scare me, you amaze me and frighten me.

6.1 Y lo propio sucedió con un perro que ladró, un gato que maulló, un cochino que gruñó, un gallo que cacareó.

And so it was with a dog that barked, a cat that meowed, a pig that grunted, a rooster that crowed.

6.2 Todos causaban alejamiento a la hormiga;

They all drove the ant away;

6.3 ninguno se ganó su voluntad, hasta que pasó un ratonpérez, que la supo enamorar tan fina y delicadamente, que la hormiguita le dio su manita negra.

none of them won her will, until a mouse passed by, who knew how to charm her so finely and delicately, that the little ant gave him her little black hand.

6.4 Vivían como tortolitas, y tan felices, que de eso no se ha visto desde que el mundo es mundo.

They lived like lovebirds, and so happy, that it has not been seen since the world began.

7.1 Quiso la mala suerte que un día fuese la hormiguita sola a misa, después de poner la olla, que dejó al cuidado de ratonpérez, advirtiéndole, como tan prudente que era, que no menease la olla con la cuchara chica, sino con el cucharón;

As bad luck would have it, one day the little ant went to mass alone, after putting the pot, which she left in the care of Mouse-Perez, warning him, as he was so prudent, not to stir the pot with the small spoon, but with the ladle;

pero el ratonpérez hizo, por su mal, lo contrario de lo que le dijo su mujer:

7.2

but Mouse-Perez did the opposite of what his wife told him:

cogió la cuchara chica para menear la olla,

7.3

he took the small spoon to stir the pot,

y así fue que sucedió lo que ella había previsto.

7.4

and so it was that what she had foreseen happened.

Ratonpérez, con su torpeza, se cayó en la olla, como en un pozo, y allí murió ahogado.

7.5

Mousepetrez, with his clumsiness, fell into the pot, as in a well, and there he died drowned.

Al volver la hormiguita a su casa, llamó a la puerta.

8.1

When the little ant returned home, she knocked on the door.

Nadie respondió ni vino a abrir.

8.2

No one answered and no one came to open the door.

Entonces se fue a casa de una vecina para que la dejase entrar por el tejado.

8.3

So she went to a neighbor's house to ask her to let her enter through the roof.

Pero la vecina no quiso, y tuvo que mandar por el cerrajero, que le descerrajase la puerta.

8.4

But the neighbor refused, and had to send for the locksmith to unlock the door.

Fuese la hormiguita en derechura a la cocina;

8.5

The little ant went straight to the kitchen;

8.6 miró la olla, y allí estaba, ¡qué dolor!, el ratonpérez ahogado, dando vueltas sobre el caldo que hervía.
she looked into the pot, and there it was, what a pain, the drowned mousy little mouse, turning over the boiling broth.

8.7 La hormiguita se echó a llorar amargamente.
The little ant began to cry bitterly.

8.8 Vino el pájaro, y la dijo:
The bird came and said to her:

9.1 – ¿Por qué lloras?
– Why are you crying?

10.1 Ella respondió:
She replied:

11.1 – Porque ratonpérez se cayó en la olla.
– Because ratonpérez fell into the pot.

12.1 – Pues yo, pajarito, me corto el piquito.
– Well, I, little bird, I'll cut off my little dickie.

13.1 Vino la paloma, y la dijo:
The dove came, and said to her:

14.1 – ¿Por qué, pajarito, te has cortado el pico?
– Why, little bird, have you cut off your beak?

15.1 – Porque el ratonpérez se cayó en la olla,
– Because the mousepet fell into the pot,

y que la hormiguita lo siente y lo llora.   15.2
and the little ant feels it and cries for it.

– Pues yo, la paloma, me corto la cola.   16.1
– Well, I, the pigeon, cut off my tail.

Dijo el palomar: 17.1
Said the dovecote:

– ¿Por qué tú, paloma, cortaste tu cola?   18.1
– Why did you, pigeon, cut off your tail?

– Porque ratonpérez se cayó en la olla,   19.1
– Because the little mouse fell into the pot,

y que la hormiguita lo siente y lo llora;   19.2
and the little ant feels it and cries for it;

y que el pajarito cortó su piquito, y yo, la paloma, me   19.3
corto la cola.
and the little bird cut off its little beak, and I, the pigeon,
cut off my tail.

– Pues yo, palomar, voyme a derribar.   20.1
– Well, I, pigeon loft, am going to shoot myself down.

Dijo la fuente clara: 21.1
Said the source clearly:

– ¿Por qué, palomar, vaste a derribar?   22.1
– Why, pigeon loft, did you go to demolish?

23.1 – Porque el ratonpérez se cayó en la olla,
– Because the mousy little mouse fell into the pot,

23.2 y que la hormiguita lo siente y lo llora;
and the little ant feels it and cries for it;

23.3 y que el pajarito cortó su piquito;
and the little bird cut off its beak;

23.4 y que la paloma se corta la cola;
and the pigeon cuts off its tail;

23.5 y yo, palomar, voyme a derribar.
and I, pigeon, am going to fall down.

24.1 – Pues yo, fuente clara, me pongo a llorar.
– Well, I, clear source, I start to cry.

25.1 Vino la Infanta a llenar la cántara.
The Infanta came to fill the pitcher.

26.1 – ¿Por qué, fuente clara, póneste a llorar?
– Why, clear fountain, are you crying?

27.1 Porque el ratonpérez se cayó en la olla,
Because the mousy little mouse fell into the pot,

27.2 y que la hormiguita lo siente y lo llora;
and the little ant feels it and cries for it;

27.3 y que el pajarito se cortó el piquito,
and the little bird cut off its beak,

27.4 y que la paloma se corta la cola;
and the pigeon cuts off its tail;

y que el palomar fuese a derribar;   27.5

and the dovecote is going to fall down;

y yo, fuente clara, me pongo a llorar.   27.6

and I, clear source, start to cry.

– Pues yo, que soy Infanta, romperé mi cántara.   28.1

– Well, I, who am Infanta, will break my pitcher.

Y yo, que lo cuento, acabo en lamento, porque el   29.1
ratonpérez se cayó en la olla, ¡y que la hormiguita lo
siente y lo llora!

And I, who tell it, end in lamentation, because the mousy
little mouse fell into the pot, and the little ant feels it and
cries for it!

El lobo bobo y la zorra astuta

The Dumb Wolf and the Sly Fox

1.1 **Había una vez una zorra que tenía dos zorritas de corta edad.**
Once upon a time there was a fox who had two young foxes.

1.2 **Cerca de su casa, que era una chocita, vivía un lobo, su compadre.**
Near her house, which was a small hut, lived a wolf, her compadre.

1.3 **Un día que pasaba por allí, vio que este había hecho mucha obra en su casa y la había puesto que parecía un palacio.**
One day, as he was passing by, he saw that the wolf had done a lot of work on his house and had made it look like a palace.

1.4 **Díjole el compadre que entrase a verla, y vio que tenía su sala, su alcoba, su cocina y hasta su despensa, que estaba muy bien provista.**
He told him to go in and see it, and he saw that it had a living room, an alcove, a kitchen and even a pantry, which was very well stocked.

– Compadre - le dijo la zorra-, veo que aquí lo que 2.1
falta es un tarrito de miel.
– Father," said the fox, "I see that what is missing here is a
little jar of honey.

– Verdad es - contestó el lobo. 3.1
– True," answered the wolf.

Y como acertaba a la sazón a pasar por la calle un 4.1
hombre pregonando:
And as a man hawked down the street at that time:

comprola el lobo, y llenó con ella un tarrito, 5.1
diciéndole a su comadre que, estando rematada la
obra de su casa, la convidaría a un banquete y se
comerían la miel.
The wolf bought it, and filled a small jar with it, telling
his mother-in-law that, when the work on his house was
finished, he would invite her to a banquet and they would
eat the honey.

Pero la obra no se acababa nunca, y la zorra, que se 6.1
chupaba las patas por la miel, estaba deshaciéndose
por zampársela.
But the play was never ending, and the slut, who was
sucking her paws for honey, was getting unglued to
gobble it up.

Un día le dijo al lobo: 7.1
One day he said to the wolf:

8.1 – Compadre, me han convidado para madrina de un bautizo, y quisiera que me hiciese usted el favor de venirse a mi casa a cuidar de mis zorritas, entre tanto que estoy fuera.

– Father, I have been invited to be godmother at a christening, and I would like you to do me the favor of coming to my house to take care of my little foxes, while I am away.

9.1 Accedió el lobo, y la zorra, en lugar de ir al bautismo, se metió en casa del lobo, se comió una buena parte de la miel, cogió nueces, avellanas, higos, peras, almendras y cuanto pudo rapiñar, y se fue al campo a comérselos alegremente con unos pastores, que en cambio le dieron leche y queso.

The wolf agreed, and the fox, instead of going to the baptism, went into the wolf's house, ate a good part of the honey, took walnuts, hazelnuts, figs, pears, almonds and whatever she could steal, and went to the field to eat them happily with some shepherds, who in return gave her milk and cheese.

10.1 Cuando volvió a su casa, dijo el lobo:

When he returned home, the wolf said:

11.1 – Vaya, comadre; ¿qué tal ha estado su bautizo?

– Well, comadre, how was your baptism?

12.1 – Muy bueno - contestó la zorra.

– Very good," replied the slut.

13.1 – Y el niño, ¿cómo se llama?

– And the child, what is his name?

– "Empezili" - respondió la supuesta madrina.   14.1
– "Empezili," replied the supposed godmother.

– ¡Ay, qué nombre! - dijo su compadre.   15.1
– Oh, what a name! - said his compadre.

– Ese no reza en el almanaque.   16.1
– He doesn't pray in the almanac.

Es un santo de poca nombradía - respondió la zorra.   16.2
He is a saint of little renown - answered the fox.

– ¿Y los dulces? - preguntó el compadre.   17.1
– And the candy? - asked the compadre.

– Ni un dulce ha habido - respondió la zorra.   18.1
– There was not one sweet," answered the fox.

– ¡Ay, Jesús, y qué bautismo!   19.1
– Oh, Jesus, and what a baptism!

– dijo engestado el lobo-.   19.2
– I've never seen another one-.

¡No he visto otro! Yo me he quedado aquí todo el   19.3
día como una ama de cría con las zorritas por tal de
comerlos,
I've stayed here all day long like a mistress with the little
foxes for the sake of eating them,

y se viene usted con las patas vacías. ¡Pues está bueno!   19.4
and you come back empty-footed. Well, it's good!

20.1 **Y se fue enfurruñado.**

And he left in a sulk.

21.1 **A poco tuvo la zorra grandes ganas de volver a comer miel, y se valió de la misma treta para sacar al lobo de su casa, prometiéndole que le traería dulces del bautismo.**

Soon the fox wanted to eat honey again, and she used the same trick to get the wolf out of her house, promising to bring him some sweets from the baptism.

21.2 **Con esas buenas palabras convenció al lobo, y cuando volvió a la noche, después de haberse pasado un buen día de campo y haberse comido la mitad de la miel, le preguntó su compadre que cómo le habían puesto al niño.**

With these good words she convinced the wolf, and when she returned at night, after having spent a good day in the fields and having eaten half of the honey, her compadre asked her how the child had been named.

21.3 **A lo que ella contestó:**

To which she replied:

22.1 **– "Mitadili".**

– "Mitadili.

23.1 **– ¡Vaya un nombre!**

– What a name!

23.2 **– dijo el compadre, que, por lo visto, era un poco bobo-.**

– said the compadre, who was apparently a bit of a pacifier.

23.3 **No he oído semejante nombre en mi vida de Dios.**

I have never heard such a name in my God's life.

- Es un santo moro - le respondió su comadre. 24.1

He is a Moorish saint," replied his mother-in-law.

Y el lobo quedó muy convencido de este marmajo, 25.1

And the wolf was very convinced of this marmajo,

y le preguntó por los dulces. 25.2

and asked him about the candy.

– Me eché un rato a dormir bajo un olivo, vinieron los 26.1
estorninos y se llevaron uno en cada pata y otro en el
pico - respondió la zorra.

– I lay down to sleep for a while under an olive tree, and
the starlings came and took one in each leg and one in the
beak," answered the fox.

El lobo se fue enfurruñado y renegando de los 27.1
estorninos.

The wolf went away sulking and disowning the starlings.

Al cabo de algún tiempo fue la zorra con la misma 28.1
pretensión a su compadre.

After some time, the bitch went with the same pretension
to her compadre.

– ¡Que no voy! - dijo este-. 29.1

– I'm not going! - he said.

29.2 Que tengo que cantarle la nana a sus zorrillas para dormirlas, y no me da la gana de meterme al cabo de mis años a niñera, sin que llegue el caso que traiga usted un dulce siquiera de tanto bautizo a que la convidan.

I have to sing lullabies to your little bitches to put them to sleep, and I don't feel like becoming a nursemaid after all my years, without you bringing a sweet even for all the christenings you've been invited to.

30.1 Pero tanta parola le metió la comadre y tantas promesas le hizo de que le traería dulces,

But the comadre made so many promises that she would bring him sweets,

30.2 que al fin convenció al lobo a que se quedase en su choza.

that he finally convinced the wolf to stay in his hut.

31.1 Cuando volvió la zorra, que se había comido toda la miel que quedaba, le preguntó el lobo que cómo le habían puesto al niño, a lo que contestó:

When the fox returned, having eaten all the remaining honey, the wolf asked her how the child had been put, to which she replied:

32.1 – "Acabili".

– "Acabili.

33.1 – ¡Qué nombre! ¡Nunca lo he oído! - dijo el lobo.

– What a name! I've never heard it before! - said the wolf.

34.1 – A ese santo no le gusta que suene su nombre,"

– That saint doesn't like his name to be called,"

respondió la zorra. 34.2

answered the bitch.

– Pero ¿y los dulces? - preguntó el compadre. 35.1

– But what about the candy? - asked the compadre.

– Se hundió el horno del confitero y todos se 36.1
quemaron - respondió la zorra.

– The confectioner's oven collapsed and they all burned,"
replied the fox.

El lobo se fue muy enfadado, diciendo: 37.1

The wolf went away very angry, saying:

– Comadre, ojalá que a sus dichosos ahijados 38.1
"Empezili", "Mitadili" y "Acabili", se les vuelvan
cuantos dulces se metan en la boca guijarros.

– Mother, I hope your lucky godchildren "Empezili",
"Mitadili" and "Acabili" get as many pebbles in their
mouths as they can.

Pasado algún tiempo, le dijo la zorra al lobo: 39.1

After some time, the fox said to the wolf:

– Compadre, lo prometido es deuda; 40.1

– Father, what you promised is a debt;

su casa de usted está rematada, 40.2

your house is finished,

y tiene usted que darme el banquete que me 40.3
prometió.

and you have to give me the banquet you promised me.

41.1 El lobo, que tenía todavía coraje, no quería;
The wolf, who still had courage, did not want to;

41.2 pero al fin se dejó engatusar,
but at last he allowed himself to be cajoled,

41.3 y se dio el convite a la zorra.
and the invitation was given to the fox.

42.1 Cuando llegó la hora de los postres, trajo, como había prometido, la orza de miel, y venía diciendo al traerla:
When it was time for dessert, he brought, as he had promised, the pot of honey, and he came saying as he brought it:

43.1 – ¡Qué ligera que está la orcita! ¡Qué poco pesa la miel!
– How light is the little oryx! How light the honey is!

44.1 Pero cuando la destapó se quedó cuajado al verla vacía.
But when he uncovered it, he was shocked to see it empty.

45.1 – ¿Qué es esto? - dijo.
– What is this? - he said.

46.1 – ¡Qué ha de ser! - respondió la zorra-.
– What could it be! - replied the fox-.

46.2 ¡Que usted se la ha comido toda para no darme parte!
You've eaten all of it so as not to give me part of it!

47.1 – Ni la he probado siquiera - dijo el lobo.
– I haven't even tasted it," said the wolf.

– ¡Qué! Es preciso, sino que usted no se acuerda.　48.1
– What! It is precise, but you do not remember.

– Digo a usted que no, ¡canario!　49.1
– I tell you no, canary!

Lo que es que usted me la ha robado, y que sus tres　49.2
ahijados,
What it is that you have stolen it from me, and that your
three godchildren,

"Empezili", "Mitadili" y　49.3
"Empezili", "Mitadili" and

"Acabili", han sido empezar, mediar y acabar con mi　49.4
miel.
"Acabili", have been starting, mediating and finishing with
my honey.

– ¿Conque tras que usted se comió la miel por no　50.1
dármela, encima me levanta un falso testimonio?
– So, after you ate the honey for not giving it to me, you are
giving me false testimony?

Goloso y maldiciente,　50.2
Sweet-toothed and cursing,

¿no se le cae a usted el hocico de vergüenza?　50.3
aren't you ashamed of yourself?

– ¡Que no me la he comido, dale!　51.1
– I didn't eat it, come on!

51.2 Quien se la ha comido es usted, que es una ladina y ladrona, y ahora mismo voy al león a dar mi queja.

You're the one who ate it, you're a thief and a thief, and right now I'm going to the lion to complain.

52.1 – Oiga usted, compadre, y no sea tan súbito - dijo la zorra-.

– He who eats honey, when he goes to sleep in the sun, sweats it.

52.2 El que comió miel, en poniéndose a dormir al sol la suda.

He who has eaten honey sweats it when he goes to sleep in the sun.

52.3 ¿No sabía usted eso?

Didn't you know that?

53.1 – Yo," no - dijo el lobo.

– I don't," said the wolf.

54.1 – Pues mucha verdad que es - prosiguió la zorra-.

– Well, it's very true," continued the fox.

54.2 Vamos a dormir la siesta al sol, y cuando nos despertemos, aquel que le sude la barriga miel, no hay más sino que es el que se la ha comido.

Let's take a nap in the sun, and when we wake up, the one whose belly sweats honey is the one who has eaten it.

55.1 Convino al cabo, y se echaron a dormir al sol.

He agreed, and they lay down to sleep in the sun.

Apenas oyó la zorra roncar a su compadre, cuando se levantó, arrebañó la orza y le untó la barriga con la miel que recogió. 56.1
Hardly had the fox heard her compadre snoring, when she got up, snatched the daggerboard and smeared his belly with the honey she had collected.

Se lamió la pata y se echó a dormir. 56.2
She licked her paw and lay down to sleep.

Cuando el lobo se despertó y se vio con la barriga llena de miel, 57.1
When the wolf woke up and saw himself with a belly full of honey,

dijo: 57.2
he said:

– ¡Ay, sudo miel! Verdad es, pues yo me la comí. 58.1
– Oh, I sweat honey! That's true, because I ate it.

Pero puedo jurar a usted, comadre, que no me acordaba. 58.2
But I can swear to you, comadre, that I didn't remember.

Usted perdone. Hagamos las paces, 58.3
Forgive me. Let's make peace,

y váyase el demonio al infierno. 58.4
and the devil go to hell.

Los caballeros del pez

Knights of the Fish

1.1 Érase vez y vez un pobre zapatero remendón, que no ganaba nada en su oficio, y así determinó comprar una red y meterse a pescador.

Once upon a time there was a poor cobbler, who earned nothing in his trade, and so he decided to buy a net and become a fisherman.

1.2 Muchos días estuvo pescando, y no sacó más que cangrejos y zapatos viejos, que cuando era remendón no veía nunca.

He fished for many days, and brought up nothing but crabs and old shoes, which he never saw when he was a cobbler.

1.3 Al fin pensó:

At last he thought:

2.1 – Hoy es el último día que pesco. Si nada saco,

– Today is the last day I fish. If I don't catch anything,

2.2 me voy y me ahorco.

I'll go and hang myself.

Echó las redes,   3.1
He cast his nets,

y esta vez sacó en ellas a un pez de San Pedro.   3.2
and this time he pulled in a St. Peter's fish.

Conforme tuvo en su mano el remendón al hermoso   3.3
pez,
As the mender held the beautiful fish in his hand,

le dijo este (que por lo visto no era tan callado como   3.4
suelen serlo los de su especie):
the fish (who apparently was not as quiet as his kind usually
are) said to him:

– Llévame a tu casa;   4.1
– Take me to your house;

córtame en ocho pedazos y guísame con sal   4.2
y pimienta, canela y clavo, hojas de laurel y
yerbabuena.
cut me into eight pieces and cook me with salt and pepper,
cinnamon and cloves, bay leaves and mint.

Dale a comer dos pedazos a tu mujer, dos a tu yegua,   4.3
dos a tu perra, y los otros dos los sembrarás en tu
jardín.
Give two pieces to your wife to eat, two to your mare, two to
your bitch, and the other two you shall sow in your garden.

El remendón hizo al pie de la letra cuanto le dijo el   5.1
pescado;
The mender did to the letter what the fish told him;

tal fue la fe que le inspiraron sus palabras.   5.2
such was the faith that his words inspired in him.

5.3 De esto se deduce y confirma un hecho
eminentemente antiparlamentario (harto sentimos
no poder disimularlo),
From this we deduce and confirm an eminently
unparliamentary fact (we are sorry we cannot hide it),

5.4 y es que los que hablan poco inspiran más fe y
confianza en sus palabras que los que hablan mucho.
and that is that those who speak little inspire more faith
and confidence in their words than those who speak a lot.

6.1 A los nueve meses parió su mujer dos niños; su yegua,
At nine months his wife bore two children; his mare,

6.2 dos potros;
two foals;

6.3 su perra, dos cachorros, y en el jardín nacieron dos
lanzas, que por flor llevaban dos escudos, en los que
se veía un pez de plata en campo azul.
his bitch, two puppies, and in the garden were born two
spears, which by flower bore two shields, on which was
seen a silver fish in a blue field.

7.1 Medró todo esto en amor y compaña
maravillosamente, de manera que andando el tiempo
salieron de casa del remendón dos gallardos jinetes,
montados sobre dos soberbios corceles, seguidos de
dos valientes sabuesos, con dos erguidas lanzas y dos
brillantes escudos.
All this was marvellously accompanied by love and
companionship, so that in due course of time two gallant
horsemen, mounted on two superb steeds, followed by
two valiant hounds, with two erect spears and two shining
shields, came out of the mender's house.

Eran los hermanos tan en extremo parecidos, que dieron en llamarlos   8.1

The brothers were so much alike that they were called

"El Caballero Doble";   8.2

"The Double Knight";

y queriendo cada cual, como era justo, conservar su individualidad, determinaron separarse y campar cada uno por su respeto, por lo que, después de abrazarse estrechamente dirigiéronse el uno al Poniente, y el otro a Levante.   8.3

and each, as was only right, wishing to preserve his individuality, they decided to separate and each to go his own way, and so, after embracing each other closely, the one went to the West and the other to the East.

Después de unos días de marcha, llegó el primero a Madrid, y halló a la coronada villa mezclando las amargas aguas de sus lágrimas con las puras y dulces de su querido Manzanares.   9.1

After a few days' march, the first arrived in Madrid, and found the crowned town mixing the bitter waters of his tears with the pure and sweet waters of his beloved Manzanares.

Todo el mundo lloraba,   9.2

Everyone was crying,

hasta la Mariblanca de la Puerta del Sol.   9.3

even the Mariblanca of the Puerta del Sol.

9.4 Nuestro bello mancebo preguntó cuál era la causa de aquella desolación, y supo que todos los años un fiero dragón, hijo de una infernal vieja, se llevaba una bella joven, y que aquel año infausto había tocado la suerte a la Princesa, buena y bella sin segunda, hija del Rey.

Our beautiful young man asked what was the cause of that desolation, and learned that every year a fierce dragon, the son of an infernal old woman, carried off a beautiful young woman, and that that unfortunate year had been the fate of the Princess, good and beautiful without second, daughter of the King.

10.1 Preguntó en seguida el caballero que dónde se hallaba la Princesa, y le contestaron que a un cuarto de legua de distancia esperaba a la fiera, que aparecía al caer las doce, para llevarse su presa.

The knight immediately asked where the Princess was, and was told that a quarter of a league away she was waiting for the beast, which would appear at midnight to carry off its prey.

11.1 Fue el caballero a cerciorarse al punto indicado,

The knight went to check at the indicated point,

11.2 y halló a la Princesa hecha un mar de lágrimas y temblando de pies a cabeza.

and found the Princess in tears and trembling from head to toe.

12.1 – ¡Huid!

– Run away!

– gritó la Princesa al Caballero del Pez cuando le vio llegar. 12.2

– shouted the Princess to the Knight of the Fish when she saw him coming.

¡Huid, temerario, que va a venir el monstruo, y si os ve, pobre de vos! 12.3

Run away, you daredevil, the monster is coming, and if he sees you, woe betide you!

– No me iré - contestó el bizarro caballero-, porque he venido a salvaros. 13.1

– I will not leave," answered the bizarre knight, "for I have come to save you.

– ¿Salvarme? ¿Cómo? ¡Si esto no es posible! 14.1

– Save me? How? This is not possible!

– Allá veremos - contestó el valiente campeón-. 15.1

– We'll see," replied the brave champion.

¿Hay aquí alemanes? 15.2

Are there any Germans here?

– Sí, señor - respondió con extrañeza la Princesa-. 16.1

– Yes, sir," the Princess replied strangely-.

¿A qué esa pregunta? 16.2

"Why the question?

– Ya lo sabréis. 17.1

– You will know.

18.1 Y echando a escape su caballo, partió para la desolada villa, volviendo a breves instantes con un inmenso espejo que había comprado en una tienda de alemán.

And he started for the desolate village, returning in a few moments with an immense mirror that he had bought in a German store.

18.2 Apoyolo contra el tronco de un árbol, lo cubrió con el velo de la Princesa, puso a esta delante, advirtiéndola que cuando estuviese cerca la fiera descorriese el velo y se escondiese tras el espejo, dicho lo cual hizo él otro tanto detrás de un vallado cercano.

Leaning it against the trunk of a tree, he covered it with the Princess's veil and placed her in front of it, warning her that when the beast was near, she should draw back the veil and hide behind the mirror, which he did behind a nearby fence.

19.1 No tardó en aparecer el fiero dragón y en acercarse lentamente a aquella beldad, mirándola con tal insolencia y tal descaro, que sólo le faltaba el lente para igualar a otros culebrones menos temibles que él.

It was not long before the fierce dragon appeared and slowly approached that beauty, looking at her with such insolence and such impudence, that he only lacked the lens to equal other soap operas less fearsome than himself.

Cuando ya estaba cerca, la Princesa, según le 19.2
había prescrito el Caballero del Pez, descorrió el
velo, y pasando detrás del espejo, desapareció a
los enamorados ojos del fiero dragón, que quedó
estupefacto al hallar dirigidas sus amorosas miradas
a un dragón como él.

When he was near, the Princess, as the Knight of the Fish
had prescribed, drew back the veil, and passing behind the
mirror, disappeared into the enamored eyes of the fierce
dragon, who was stupefied to find his amorous glances
directed at a dragon like himself.

Frunció el gesto; su igual hizo lo mismo. 19.3

He frowned; his equal did the same.

Sus ojos se pusieron rojos y brillantes como dos 19.4
rubíes;

His eyes became red and shining like two rubies;

no se quedaron en zaga los de su contrario, que se 19.5
pusieron como dos carbunclos.

those of his opposite, which became like two carbuncles,
did not lag behind.

Aumentose con esto su furor, 19.6

With this his fury increased,

y erizó sus escamas como un puercoespín sus púas; 19.7

and his scales bristled like a porcupine's quills;

las del otro dragón hicieron otro tanto. 19.8

those of the other dragon did the same.

19.9 Abrió una tremenda boca, que hubiese sido única en su especie, a no haber sido porque el amenazado, lejos de intimidarse, abrió otra idéntica.

It opened a tremendous mouth, which would have been unique in its species, had it not been that the threatened one, far from being intimidated, opened another identical one.

19.10 Furioso, se abalanzó el dragón contra su intrépido contrarío, dándose tal calamochazo en la cabeza contra la luna, que quedó aturdido;

Furious, the dragon rushed at his intrepid opponent, hitting his head so hard against the moon that he was stunned;

19.11 y como había roto el espejo, y en cada pedazo vio una de las partes de su cuerpo, infirió de esto que con el golpe se había hecho él mismo pedazos.

and as he had broken the mirror, and in each piece he saw one of the parts of his body, he inferred from this that with the blow he had broken himself to pieces.

20.1 Aprovechó el caballero este momento de mareo y asombro, y saliendo instantáneamente de su escondite, con su fiel perro y su buena lanza, le quitó la vida, y le hubiese quitado ciento que hubiera tenido.

The knight took advantage of this moment of dizziness and astonishment, and coming instantly out of his hiding place, with his faithful dog and his good lance, took his life, and would have taken a hundred that he had.

Déjase pensar el júbilo y algazara de los madrileños, 21.1
que son gente alegre, cuando vieron llegar al
Caballero del Pez, trayendo a ancas a la Princesa,
más contenta que unas Pascuas, y al dragón atado a
la cola del brioso corcel, que tiraba de él tan ancho y
donoso, como si hubiese sido la cola del manto de una
Orden de Caballería.

One can only imagine the joy and merriment of the
Madrilenians, who are a happy people, when they saw
the arrival of the Knight of the Fish, bringing the Princess
on his back, happier than Easter, and the dragon tied to
the tail of the spirited steed, which pulled him as wide and
graceful, as if it had been the tail of the mantle of an Order
of Chivalry.

Colegirase también que tal hazaña no se podía pagar 22.1
al Caballero del Pez sino con la blanca mano de la
Princesa;

Let it also be admitted that such a feat could not be paid to
the Knight of the Fish except with the white hand of the
Princess;

que hubo boda, que hubo banquete, que hubo toros y 22.2
cañas, y que yo fui y vine y no me dieron nada.

that there was a wedding, that there was a banquet, that
there were bulls and canes, and that I came and went and
got nothing.

Vamos ahora a que el esposo le dijo a la esposa 23.1
algunos días después de casados que quería ver todo
el palacio,

The husband told his wife a few days after they were
married that he wanted to see the whole palace,

que era tan grande que ocupaba una legua de terreno. 23.2

which was so big that it occupied a league of land.

23.3 Hízose así, y echaron tres días en verlo.

This was done, and they spent three days to see it.

23.4 Al cuarto subieron a las azoteas.

On the fourth day they went up to the roofs.

23.5 El caballero se quedó admirado. ¡Qué vista, amigo!

The knight was amazed. What a sight, my friend!

23.6 Jamás has visto tú una igual, ni yo tampoco.

You've never seen anything like it, nor have I.

23.7 Se veía toda España, y hasta los moros, y al Emperador de Marruecos, que estaba llorando por el dragón, su amigo. .

You could see all of Spain, and even Spain itself. You could see all Spain, and even the Moors, and the Emperor of Morocco, who was weeping for the dragon, his friend.

24.1 – ¿Qué castillo es aquel - preguntó el Caballero del Pez - que se ve allá a lo lejos, tan solo y tan sombrío?

– What castle is that - asked the Knight of the Fish-, that you see in the distance, so lonely and so gloomy?

25.1 – Ese es - respondió la Princesa - el castillo de Albatroz, el que está encantado, sin que nadie pueda deshacer el hechizo, y ninguno de los que lo han intentado ha vuelto de allá.

– That is," replied the Princess, "the castle of Albatroz, the one that is enchanted, and no one can undo the spell, and no one who has tried has returned from there.

26.1 El caballero calló al oír estas razones;

The knight was silent when he heard these reasons;

pero como era valiente y emprendedor, a la mañanita siguiente, sin que lo sintiese la tierra, montó su corcel, cogió su lanza, llamó a su sabueso y se encaminó hacia el castillo. 26.2

but as he was brave and enterprising, the next morning, without the earth feeling it, he mounted his steed, took his lance, called his hound, and set out for the castle.

Estaba el tal castillo que daba espeluzos mirarlo. 27.1

The castle was so scary to look at.

Más sombrío que una noche de truenos, 27.2

It was gloomier than a night of thunder,

más engestado que un facineroso y más callado que un difunto. 27.3

more crawling than a bandit and more silent than a dead man.

Pero el Caballero del Pez no conocía el miedo sino de oídas, 27.4

But the Knight of the Fish knew fear only by hearsay,

y no volvía la espalda sino a los enemigos vencidos. 27.5

and turned his back only on vanquished foes.

Así, pues, tomó su corneta o clarín y tocó una sonata. 27.6

So he took his bugle and played a sonata.

Al toque despertaron todos los dormidos ecos del castillo y de las peñas, que repitieron en coro, ya más cerca, ya más lejos, ya más suave, ya más hueco, los sonidos de la sonata. 28.1

At the touch, all the sleeping echoes of the castle and the rocks woke up, repeating in chorus, closer and farther away, softer and hollower, the sounds of the sonata.

28.2 **Pero en el castillo nadie se movió.**
But in the castle no one moved.

29.1 **– ¡Ah del castillo! - gritó el caballero-.**
– Ah, the castle! - cried the knight-.

29.2 **¿No hay quien atienda a un caballero que pide albergue?**
Is there no one to attend to a knight who asks for lodging?

29.3 **¿No tiene este castillo alcaide, escudero anciano ni paje mozalbete?**
Has this castle no warden, no old squire, no page boy?

30.1 **– ¡Vete! ¡Vete! ¡Vete! - clamaron los ecos.**
– Go away! Go away! Go away! - cried the echoes.

31.1 **– ¿Que me vaya? - dijo el Caballero del Pez-.**
– To go away? - said the Knight of the Fish-.

31.2 **¡Yo no retrocedo en mis empresas por cuanto hay!**
I don't back down in my undertakings because of what there is!

32.1 **– ¡Ay! ¡Ay! ¡Ay! - gimieron los ecos.**
– Ouch! Ouch! Ouch! - the echoes wailed.

33.1 **El caballero empuñó su lanza y dio un fuerte golpe contra la puerta.**
The knight wielded his lance and struck a heavy blow against the door.

Abriose entonces el rastrillo, y asomose la punta 34.1
de una larga nariz, que sentaba sus reales entre los
hundidos ojos y la hundida boca de una vieja más fea
que el Mengue.

Then the rake was opened, and the tip of a long nose
appeared, which sat between the sunken eyes and the
sunken mouth of an old woman uglier than Mengue.

– ¿Qué se ofrece, imprudente alborotador? 35.1

– What's on offer, you reckless troublemaker?

– preguntó con voz cascada. 35.2

– he asked in a watery voice.

– Entrar - contestó el caballero-. 36.1

– Come in - replied the gentleman-.

¿No puedo acaso gozar aquí algún descanso en esta 36.2
tarde de estío?

Can't I enjoy some rest here on this summer afternoon?

¿Sí o no? 36.3

Yes or no?

– No, no, no - dijeron los ecos. 37.1

– No, no, no, no - said the echoes.

Habla levantado el caballero su visera, porque era 38.1
fuerte el calor, y al verlo la vieja tan bien parecido, le
dijo:

The gentleman raised his visor, because the heat was
strong, and when the old woman saw him looking so good,
she said to him:

39.1 – Pasad adelante, bello doncel, que seréis atendido y
bien cuidado.
– Come forward, fair maiden, you will be cared for and well
looked after.

40.1 – ¡Cuidado! ¡Cuidado! - advirtieron los ecos.
– Watch out! Watch out! - warned the echoes.

41.1 Pero el caballero entró diciendo:
But the gentleman entered saying:

42.1 – ¡Yo no temo sino a Dios!
– I fear only God!

43.1 - ¡Adiós! ¡Adiós! ¡Adiós! - suspiraron los ecos.
Bye-bye! Bye-bye! Bye-bye! - sighed the echoes.

44.1 – Vamos, madre anciana ...
– Come on, old mother ...

45.1 – Me llamo doña Berberisca - interrumpió la vieja,
muy amostazada, al caballero-, y soy señora de
Albatroz.
– My name is Doña Berberisca," the old woman interrupted
the gentleman, very amused, "and I am the lady of
Albatroz.

46.1 – ¡Atroz! ¡Atroz! - le gritaron los ecos.
– Atrocious! Atrocious! - shouted the echoes.

47.1 – ¿Queréis callar, malditos vocingleros?
– Will you shut up, you damned loudmouths?

– exclamó con coraje doña Berberisca-. 47.2

– cried Doña Berberisca boldly.

Soy vuestra servidora - prosiguió, haciendo una 47.3
cortesía a la francesa al caballero-, y si queréis seré
vuestra esposa, y viviréis conmigo aquí como un bajá.

I am your servant", she continued, making a French
courtesy to the gentleman, "and if you wish I will be your
wife, and you shall live with me here as a bajá.

– ¡Ja! ¡Ja! ¡Ja! ¡Ja! - rieron los ecos. 48.1

– Ha! ha! ha! ha! ha! - the echoes laughed.

– ¿Que me case con vos, que tenéis cien años? 49.1

– That I should marry you, who are a hundred years old?

Estáis loca, y tonta también. 49.2

You are mad, and a fool too.

– Bien, bien - dijeron los ecos. 50.1

– Well, well," said the echoes.

– Lo que quiero - prosiguió el caballero - es registrar el 51.1
castillo, e irme después que haga ese examen.

– What I want," continued the knight, "is to search the
castle, and leave after I make that examination.

– ¡Amén! ¡Amén! - suspiraron en latín los ecos. 52.1

– Amen! Amen! - sighed the echoes in Latin.

53.1 Doña Berberisca, picada hasta el corazón, echó una torva mirada al Caballero del Pez, e intimándole que la siguiese, le enseñó todo el castillo, en el que vio muchas cosas;

Doña Berberisca, stung to the heart, cast a baleful glance at the Knight of the Fish, and urging him to follow her, showed him the whole castle, in which he saw many things;

53.2 pero no las pudo referir, porque la pícara Berberisca lo llevó por un callejón oscuro, en que había una trampa, en la que cayó y desapareció en un abismo, y su voz se fue con los ecos, que eran las voces de otros muchos bizarros y cumplidos caballeros, que la pícara Berberisca había castigado de la misma manera por haber despreciado sus venerables hechizos.

But he could not relate them, for the roguish Berberisca led him down a dark alley, in which there was a trap, into which he fell and disappeared into an abyss, and his voice went with the echoes, which were the voices of many other bizarre and accomplished knights, whom the roguish Berberisca had punished in the same way for having scorned her venerable spells.

54.1 Vamos ahora al otro Caballero del Pez, que había seguido viajando, y que vino a parar a Madrid.

Let us now go to the other Knight of the Fish, who had continued traveling, and who came to Madrid.

Al entrar por las puertas de esta, los soldados se
formaron, los tambores batieron marcha real y
muchos criados de Palacio le rodearon, diciéndole
que la Princesa se deshacía en lágrimas al ver lo
que se había prolongado su ausencia, temiendo le
hubiese acaecido alguna desgracia en el maldito
castillo encantado de Albatroz.

54.2

As he entered the gates of Madrid, the soldiers formed
up, the drums beat the royal march, and many servants of
the palace surrounded him, telling him that the Princess
was in tears when she saw how long his absence had been
prolonged, fearing that some misfortune had befallen him
in the accursed enchanted castle of Albatroz.

– Preciso es - pensó el caballero - que me tengáis por
mi hermano, a quien parece que tan buena suerte ha
cabido.

55.1

– The gentleman thought to himself, "It's only right that
you should have me for my brother, to whom it seems that
so much good fortune has befallen him.

Callemos, y veamos en qué vienen a parar estas
misas.

55.2

Let us keep quiet, and see what these masses have come to.

Lleváronle casi en triunfo al palacio,

56.1

They took him almost in triumph to the palace,

y fácil es hacerse cargo de los cariños y obsequios de
que fue objeto por parte del Rey y de la Princesa.

56.2

and it is easy to take account of the affection and gifts he
received from the King and the Princess.

– ¿Conque fuiste al castillo? - preguntaba este.

57.1

– So you went to the castle? - he asked.

58.1 – Sí, sí - contestaba.

– Yes, yes," he answered.

59.1 – ¿Y qué viste?

– And what did you see?

60.1 – No me es permitido decir una palabra sobre ello,

– I am not allowed to say a word about it,

60.2 hasta que vuelva allá otra vez.

until I go back there again.

61.1 – ¿Piensas acaso volver a ese maldito castillo, tú, único y solo que jamás haya vuelto de él?

– Do you intend to go back to that damned castle, you, alone and alone, who ever came back from it?

62.1 – Me precisa.

– He asks me.

63.1 Cuando se fueron a acostar puso el caballero su espada en la cama.

When they went to bed, the knight put his sword on the bed.

64.1 – ¿Por qué haces eso? - preguntó la Princesa.

– Why do you do that? - asked the Princess.

65.1 – Porque he hecho promesa de no acostarme hasta que vuelva otra vez de Albatroz.

– Because I have promised not to go to bed until I return again from Albatroz.

Y al día siguiente montó su bridón y se encaminó   66.1
hacia el castillo encantado,
And the next day he mounted his bridle and set out for the
enchanted castle,

temiendo que alguna desgracia le hubiese sucedido a   66.2
su hermano.
fearing that some misfortune had befallen his brother.

Llamó al castillo, y se asomaron luego al rastrillo las   67.1
fieras narices de la vieja, que parecía un pez-espada.
He called to the castle, and then the fierce nostrils of the
old woman, who looked like a sword-fish, peeped out of the
rake.

Pero apenas hubo visto la vieja al caballero, cuando   67.2
sus narices se pusieron lívidas, porque le pareció que
los muertos resucitaban, y huyó, invocando al objeto
de su devoción, Belzebut, haciéndole promesa de
comer cuantas peras y manzanas le presentase si la
libertaba de aquella visión de carne y hueso, salida de
la mansión de los muertos.
But scarcely had the old woman seen the knight, when
her nostrils turned livid, for it seemed to her that the dead
were rising again, and she fled, invoking the object of her
devotion, Belzebut, and promising to eat as many pears
and apples as he would present to her if he would deliver
her from that vision of flesh and blood, coming out of the
mansion of the dead.

– Señora senectud - le gritaba el recién llegado-, ¿no   68.1
ha venido por acá un caballero que viste así?
– Mrs. Senecudity," the newcomer shouted, "hasn't a
gentleman come here who dresses like this?

69.1 – Sí, sí, sí - respondieron los ecos.

– Yes, yes, yes, yes," replied the echoes.

70.1 – ¿Y qué habéis hecho con ese caballero tan cumplido, tan rematado?

– And what have you done with this gentleman, so accomplished, so finished?

71.1 – ¡Matado! ¡Matado! - gimieron los ecos.

– Killed! Killed! - echoed the echoes.

72.1 Al oír esto y al ver a la vieja que huía, el Caballero del Pez no fue dueño de sí;

Hearing this, and seeing the old woman fleeing, the Knight of the Fish was not master of himself;

72.2 corrió tras ella y la atravesó con su espada de parte a parte,

he ran after her and thrust his sword through her from side to side,

72.3 quedándose clavada en la espada;

remaining stuck in the sword;

72.4 y como hacía mucho viento, y era la vieja muy delgada y ligera, se puso a girar, dando vueltas en la punta de la espada como un volador.

and as it was very windy, and the old woman was very thin and light, she whirled about, whirling on the point of the sword like a flyer.

73.1 – ¿Dónde está mi hermano, vieja traidora y falaz, hechicera del diablo?

– Where is my brother, you treacherous and deceitful old woman, devil's sorceress?

– preguntaba el caballero.

73.2

– asked the knight.

– Yo os lo diré - respondió la bruja-.

74.1

– I will tell you - replied the witch-.

Pero como voy a morir, y estoy mareada de las vueltas que doy mal de mi grado, no lo diré hasta que me hayáis resucitado.

74.2

But as I am going to die, and I am dizzy from the turns I am taking, I will not tell you until you have brought me back to life.

– ¿Y cómo he de hacer yo ese mal milagro, pérfida bruja?

75.1

– And how am I to perform this evil miracle, perfidious witch?

– Id al jardín - respondió la vieja-, cortad siemprevivas, eternas, moco de pavo y sangre de dragón;

76.1

– Go to the garden," answered the old woman, "cut evergreens, everlasting, turkey's snot and dragon's blood;

haced con estas flores un cocimiento en la caldera y preparad con él un baño,

76.2

make a decoction with these flowers in the cauldron and prepare a bath with it,

en el que me meteréis.

76.3

in which you will put me.

Y diciendo esto, la vieja se murió sin decir Jesús.

77.1

And saying this, the old woman died without saying Jesus.

78.1 Hizo el caballero todo como se lo había prescrito la vieja, la que, efectivamente, resucitó, y más fea que antes, porque sus narices, que no cupieron en el caldero, se quedaron muertas y tan blancas, que parecían un colmillo de elefante.

The knight did everything as the old woman had prescribed, and the old woman was indeed resurrected, and uglier than before, because her nostrils, which did not fit into the cauldron, remained dead and so white that they looked like an elephant's tusk.

79.1 Díjole entonces al caballero dónde estaba su hermano.

He then told the gentleman where his brother was.

80.1 Bajó al abismo, en que halló a este y a otras muchas víctimas de la pícara Berberisca, y las fue metiendo una tras otra en el caldero, y todas iban resucitando;

He went down into the abyss, where he found this and many other victims of the rogue Berberisca, and he put them one after the other into the cauldron, and they all came back to life;

80.2 y conforme resucitaban venía alegre el eco, que era su voz, tomando posesión de sus gargantas, y lo primero que decían era:

and as they came back to life, the echo, which was her voice, came joyfully, taking possession of their throats, and the first thing they said was:

81.1 – ¡Maldita vieja! ¡Berberisca sin piedad!

– You old bitch! You merciless Berberisque!

81.2 ¡Malvada sin entrañas!

You wicked, gutless wretch!

Lo que hizo con estos hidalgos hizo el caballero con muchas bellas jóvenes que se había llevado el dragón, que era hijo de la vieja, y cada cual de ellas daba gracias al Caballero del Pez, y su mano a uno de los hidalgos resucitados; 82.1

What he did with these hidalgos the knight did with many beautiful young women who had been carried off by the dragon, who was the son of the old woman, and each one of them gave thanks to the Knight of the Fish, and her hand to one of the resurrected hidalgos;

y la pícara Berberisca, al ver esto, se volvió a morir de envidia y de coraje. 82.2

and the roguish Berberisca, seeing this, turned to die of envy and courage.

La niña de los tres maridos

The Girl with Three Husbands

1.1 Había un padre que tenía una hija muy hermosa,
There was a father who had a very beautiful daughter,

1.2 pero muy voluntariosa y terca.
but very willful and stubborn.

1.3 Se presentaron tres novios a cual más apuestos, que le pidieron su hija;
Three grooms, each more handsome than the others, came and asked him for his daughter;

1.4 él contestó que los tres tenían su beneplácito,
he replied that all three of them had his approval,

1.5 y que preguntaría a su hija a cuál de ellos prefería.
and that he would ask his daughter which of them she preferred.

2.1 Así lo hizo, y la niña le contestó que a los tres
He did so, and the girl replied that at three o'clock

– Pero, hija, si eso no puede ser. 3.1
– But, daughter, that can't be.

– Elijo a los tres - contestó la niña. 4.1
– I choose all three," the girl replied.

– Habla en razón, mujer - volvió a decir el padre-. 5.1
– Speak sense, woman - said the father again-.

¿A cuál de ellos doy el sí? 5.2
Which of them shall I say yes to?

– A los tres - volvió a contestar la niña, y no hubo 6.1
quien la sacase de ahí.
– All three of them," the girl answered again, and there was
no one to get her out of there.

El pobre padre se fue mohíno, 7.1
The poor father went away sulkily,

y les dijo a los tres pretendientes que su hija los quería 7.2
a los tres;
and told the three suitors that his daughter loved them all
three;

pero que como eso no era posible, que él había 7.3
determinado que se fuesen por esos mundos de Dios a
buscar y traerles una cosa única en su especie, y aquel
que trajese la mejor y más rara sería el que se casase
con su hija.
but that since that was not possible, he had determined
that they should go to God's world to look for and bring
them something unique of its kind, and the one who
brought the best and rarest would be the one to marry
his daughter.

8.1 Pusiéronse en camino, cada cual por su lado, y al cabo de mucho tiempo se volvieron a reunir allende los mares, en lejanas tierras, sin que ninguno hubiese hallado cosa hermosa y única en su especie.

They set out on their way, each one going his own way, and after a long time they met again across the seas, in distant lands, without any of them having found anything beautiful and unique of its kind.

8.2 Estando en estas tribulaciones, sin cesar de procurar lo que buscaban, se encontró el primero que había llegado con un viejecito, que le dijo si le quería comprar un espejito.

Being in these tribulations, without ceasing to seek what they were looking for, the first one who had arrived met a little old man, who asked him if he wanted to buy a mirror.

9.1 Contestó que no, puesto que para nada le podía servir aquel espejo, tan chico y tan feo.

He answered no, since that mirror, so small and so ugly, was of no use to him.

10.1 Entonces el vendedor le dijo que tenía aquel espejo una gran virtud,

Then the seller told him that the mirror had a great virtue,

10.2 y era que se veían en él las personas que su dueño deseaba ver;

and that was that it showed in it the persons that its owner wished to see;

10.3 y habiéndose cerciorado de que ello era cierto,

and having ascertained that this was true,

10.4 se lo compró por lo que le pidió.

he bought it for what he asked.

47

El que había llegado el segundo, al pasar por una calle se encontró al mismo viejecito, que le preguntó si le quería comprar un botecito con bálsamo. 11.1

The one who had arrived second, while passing through a street, met the same old man, who asked him if he wanted to buy a small bottle of balsam.

– ¿Para qué me ha de servir ese bálsamo? 12.1

– What use is that balm to me?

– preguntó al viejecito. 12.2

– he asked the old man.

– Dios sabe - respondió este-; pues este bálsamo tiene una gran virtud, que es la de hacer resucitar a los muertos. 13.1

– God knows," he replied, "for this balsam has a great virtue, which is that of bringing the dead back to life.

En aquel momento acertó a pasar por allí un entierro; 14.1

At that moment a burial happened to pass by;

se fue a la caja, le echó una gota de bálsamo en la boca al difunto, que se levantó tan bueno y dispuesto, cargó con su ataúd y se fue a su casa; 14.2

he went to the box, poured a drop of balsam into the mouth of the deceased, who got up so good and willing, carried his coffin and went home;

lo que visto por el segundo pretendiente, 14.3

which seen by the second suitor,

compró al viejecito su bálsamo por lo que le pidió. 14.4

he bought the little old man his balsam for what he asked.

15.1 Mientras el tercer pretendiente paseaba metido en sus conflictos por la orilla del mar, vio llegar sobre las olas una arca muy grande, y acercándose a la playa, se abrió, y salieron saltando en tierra infinidad de pasajeros.

While the third suitor was strolling along the seashore in his conflicts, he saw a very large ark arrive on the waves, and approaching the beach, it opened, and a great number of passengers jumped ashore.

16.1 El último, que era un viejecito, se acercó a él y le dijo si le quería comprar aquella arca.

The last one, who was a little old man, came to him and asked him if he wanted to buy that ark.

17.1 – ¿Para qué la quiero yo - respondió el pretendiente-, si no puede servir sino para hacer una hoguera?.

– What do I want it for," replied the suitor, "if it can only be used to make a fire?.

18.1 – No, señor - repuso el viejecito-, que posee una gran virtud, pues que en pocas horas lleva a su dueño y a los que con él se embarcan adonde apetecen ir y donde deseen.

– No, sir," replied the little old man, "it has a great virtue, for in a few hours it carries its owner and those who embark with him wherever they wish to go and wherever they wish.

18.2 Ello es cierto; puede usted cerciorarse por estos pasajeros,

That is true; you may ascertain it from these passengers,

18.3 que hace pocas horas se hallaban en las playas de España.

who a few hours ago were on the shores of Spain.

49

Cerciorose el caballero,

19.1

The gentleman made sure,

y compró el arca por lo que le pidió su dueño.

19.2

and bought the ark for what its owner asked.

Al día siguiente se reunieron los tres, y cada cual
contó muy satisfecho que ya había hallado lo que
deseaba, y que iba, pues, a regresar a España.

20.1

The next day the three of them met, and each told the other
very satisfied that he had found what he wanted, and that
he was going to return to Spain.

El primero dijo cómo había comprado un espejo, en el
que se veía, con sólo desearlo, la persona ausente que
se quería ver;

21.1

The first told how he had bought a mirror, in which one
could see, just by wishing, the absent person one wanted to
see;

y para probarlo presentó su espejo,

21.2

and to prove it he presented his mirror,

deseando ver a la niña que todos tres pretendían.

21.3

wishing to see the girl that all three intended.

¡Pero cual sería su asombro cuando la vieron tendida
en un ataúd y muerta!

22.1

But what would be their astonishment when they saw her
lying in a coffin and dead!

– Yo tengo - exclamó el que había comprado el bote -
un bálsamo, que la resucitaría;

23.1

– I have," exclaimed the man who had bought the jar, "a
balm that will bring her back to life;

23.2 pero de aquí a que lleguemos, ya estará enterrada y comida de gusanos,

but by the time we get there, she will be buried and worm-eaten,

24.1 – Pues yo tengo - dijo a su vez el que había comprado el arca - un arca que en pocas horas nos pondrá en España.

– I have," said the man who had bought the ark, "an ark that in a few hours will put us in Spain.

25.1 Corrieron entonces a embarcarse en el arca, y a las pocas horas saltaron en tierra, y se encaminaron al pueblo en que se hallaba el padre de su pretendida.

Then they ran to embark in the ark, and a few hours later they jumped ashore, and made their way to the village where the father of their intended was.

26.1 Hallaron a este en el mayor desconsuelo, por la muerte de su hija, que aún se hallaba de cuerpo presente.

They found him in great distress, because of the death of his daughter, who was still alive.

27.1 Ellos le pidieron que los llevase a verla;

They asked him to take them to see her;

y cuando estuvieron en el cuarto en que se 27.2
encontraba el féretro, se acercó el que tenía el
bálsamo, echó unas gotas sobre los labios de la
difunta, la que se levantó tan buena y risueña de
su ataúd, y volviéndose a su padre, le dijo:

and when they were in the room where the coffin was, the
one who had the balsam approached, poured a few drops
on the lips of the deceased, who rose so good and laughing
from her coffin, and turning to her father, said to him:

– ¿Lo ve usted, padre, cómo los necesitaba a los tres? 28.1
– Do you see, Father, how I needed all three of them?

Bella Flor

1.1 Había una vez un padre que tenía dos hijos;
Once upon a time there was a father who had two sons;

1.2 el mayor le tocó la suerte de soldado, y fue a América,
donde estuvo muchos años.
the eldest was chosen to be a soldier, and he went to
America, where he stayed for many years.

1.3 Cuando volvió, su padre había muerto, y su hermano
disfrutaba del caudal y se había puesto muy rico.
When he returned, his father was dead, and his brother
was enjoying his wealth and had become very rich.

1.4 Fuese a casa de este, y le encontró bajando la escalera.
He went to his brother's house and found him coming
down the stairs.

2.1 – ¿No me conoces? - le preguntó.
– Don't you know me? - he asked.

3.1 El hermano le contestó con mala manera que no.
The brother replied gruffly that he did not.

Entonces se dio a conocer, y su hermano le dijo que 4.1
fuese al granero, y que allí hallaría un arca, que era
la herencia que le había dejado su padre, y siguió su
camino sin hacerle más caso.

Then he made himself known, and his brother told him to
go to the barn, and that there he would find an ark, which
was the inheritance left him by his father, and he went on
his way without paying any more attention to him.

Subió al granero, y halló un arca muy vieja, y dijo 5.1
para sí:

And he went up into the barn, and found a very old ark, and
said to himself:

– ¿Para qué me puede a mí servir este desvencijado 6.1
arcón?

– What use can this rickety chest be to me?

¡Pero anda con Dios! 6.2

But God help me!

Me servirá para hacer una hoguera y calentarme, 6.3

It'll do me good to make a fire and keep warm,

que hace mucho frío. 6.4

for it's so cold.

Cargó con él y se fue a su mesón, donde cogió un 7.1
hacha y se puso a hacer pedazos el arcón, y de un
secreto que tenía cayó un papel.

He carried it and went to his inn, where he took an axe and
began to tear the chest to pieces, and a piece of paper fell
out of a secret in it.

7.2 Cogiolo, y vio que era la escritura de una crecida cantidad que adeudaban a su padre.

He picked it up and saw that it was the deed to a large sum owed to his father.

7.3 La cobró, y se puso muy rico.

He collected it, and became very rich.

8.1 Un día que iba por la calle encontró a una mujer que estaba llorando amargamente;

One day as he was walking down the street he met a woman who was weeping bitterly;

8.2 la preguntó qué tenía, y ella le contestó que su marido estaba muy malo, y que no sólo no tenía para curarlo, sino que se lo quería llevar a la cárcel un acreedor, al que no podía pagar lo que le debía.

he asked her what was wrong, and she replied that her husband was very ill, and that not only did she not have enough to cure him, but that a creditor wanted to take him to prison, to whom she could not pay what he owed her.

9.1 – No se apure usted - le dijo José-.

– Don't be in a hurry," José told her.

9.2 No llevarán a su marido a la cárcel, ni venderán lo que tiene, que yo salgo a todo; le pagaré sus deudas, le costearé su enfermedad y su entierro, si se muere.

They will not take your husband to jail, nor will they sell what he has, I will pay his debts, I will pay for his illness and his burial, if he dies.

10.1 Y así lo hizo todo.

And so he did it all.

Pero se encontró que cuando el pobre se hubo muerto, 10.2
después de pagado el entierro, no le quedaba un real,
habiendo gastado toda su herencia en esa buena obra.

But it was found that when the poor man had died, after the
burial had been paid for, he had not a real left, having spent
all his inheritance on that good deed.

– Y ahora ¿qué hago? - se preguntó a sí mismo-. 11.1

– What do I do now? - he asked himself.

Ahora, que no tengo que comer. Me iré a una corte, 11.2

Now that I don't have to eat. I'll go to a court,

y me pondré a servir. 11.3

and I'll start serving.

Así lo hizo, y entró de mozo en el palacio del Rey. 12.1

He did so, and entered the King's palace as a waiter.

Se portó tan bien y el Rey lo quería tanto, que 13.1
lo fue ascendiendo hasta que lo hizo su primer
gentilhombre.

He behaved so well and the King loved him so much that he
promoted him until he made him his first gentleman.

Entre tanto, su descastado hermano había 14.1
empobrecido, y le escribió pidiéndole que le
amparase;

In the meantime, his outcast brother had become
impoverished, and he wrote to him asking him to help
him;

14.2 y como José era tan bueno, lo amparó, pidiendo al Rey le diese a su hermano un empleo en Palacio, y el Rey se lo concedió.

and as Joseph was so good, he helped him, asking the King to give his brother a job in the Palace, and the King granted it to him.

15.1 Vino, pues, pero en lugar de sentir gratitud hacia su hermano, lo que sentía era envidia al verlo privado del Rey, y se propuso perderlo.

He came, then, but instead of feeling gratitude to his brother, what he felt was envy at seeing him deprived of the King, and he set out to lose him.

15.2 Para eso, se puso a inquirir lo que para su intento le importaba averiguar, y supo que el Rey estaba enamorado de la Princesa Bella-Flor, y que esta, como que era el Rey viejo y feo, no le quería, y se había ocultado en un palacio escondido por esos breñales, nadie sabía dónde.

For that, he began to inquire what it was important for him to find out, and he learned that the King was in love with the Princess Belle-Flower, and that she, as the King was old and ugly, did not love him, and had hidden herself in a palace hidden in those heaths, no one knew where.

15.3 El hermano fue y le dijo al Rey que José sabía dónde estaba la Bella-Flor,

The brother went and told the King that Joseph knew where the Beautiful-Flower was,

15.4 y correspondía con ella.

and corresponded with her.

Entonces el Rey, muy airado, mandó venir a José y le dijo que fuese al momento a traerle la Princesa Bella-Flor, y que, si se venía sin ella, lo mandaría ahorcar. 15.5

Then the King, very angry, sent for Joseph, and told him to go at once and bring him the Princess Beauty-Flower, and that if he came without her, he would have him hanged.

El pobre, desconsolado, se fue a la cuadra para coger un caballo e irse por esos mundos, sin saber por dónde tirar para encontrar a Bella-Flor. 16.1

The poor man, disconsolate, went to the stable to get a horse and leave for those worlds, not knowing which way to go to find Bella-Flor.

Vio entonces un caballo blanco, muy viejo y flaco, que le dijo: 16.2

Then he saw a white horse, very old and skinny, who said to him:

– Tómame a mí, y no tengas cuidado. 17.1

– Take me, and don't be careful.

José se quedó asombrado de oír hablar un caballo; 18.1

Joseph was astonished to hear a horse speak;

pero montó en él y echaron a andar llevando tres panes de munición que le dijo el caballo que cogiese. 18.2

but he mounted on it and they rode off carrying three loaves of ammunition which the horse told him to take.

Después que hubieron andado un buen trecho, se encontraron un hormigal, y el caballo le dijo: 19.1

After they had walked a good distance, they came upon an ant hill, and the horse said to him:

20.1 – Tira ahí esos tres panes para que coman las hormiguitas.

– Throw those three loaves of bread there for the little ants to eat.

21.1 – Pero, ¿para qué? - dijo José-. Si nosotros los necesitamos.

– But what for? - said José. We need them.

22.1 – Tíraselos - repuso el caballo-, y no te canses nunca de hacer bien.

– Throw them to him," said the horse, "and never tire of doing good.

23.1 Anduvieron otro trecho,

They walked another distance,

23.2 y encontraron a un águila que se había enredado en las redes de un cazador.

and found an eagle that had become entangled in the nets of a hunter.

24.1 – Apéate - le dijo el caballo-, y corta las mallas de esa red y libra a ese pobre animal.

– The horse said to him, "Get up," and cut the meshes of that net and free the poor animal.

25.1 – ¿Pero vamos a perder el tiempo en eso? - respondió José.

– But are we going to waste time on that? - answered José.

26.1 – No le hace;

– It does not make him;

haz lo que te digo y no te canses nunca de hacer bien. 26.2
do as I tell you and never tire of doing well.

Anduvieron otro trecho y llegaron a un río, y vieron a 27.1
un pececito que se había quedado en seco en la orilla,
y por más que se movía, con ansias de muerte, no
podía volver a la corriente.
They walked another distance and came to a river, and saw
a little fish that had dried up on the shore, and no matter
how much it moved, with a death wish, it could not return
to the current.

– Apéate - dijo a José el caballo blanco-, coge ese pobre 28.1
pececito y échalo al agua.
– He said to Joseph the white horse, "Get up," said the
white horse to Joseph, "take that poor little fish and throw
it into the water.

– Pero si no tenemos tiempo de entretenernos - 29.1
contesto José.
– But we don't have time to entertain ourselves," answered
José.

– Siempre hay tiempo para hacer una buena obra - 30.1
respondió el caballo blanco-, y nunca te canses de
hacer bien.
– There is always time to do a good deed," replied the white
horse, "and never tire of doing good.

A poco llegaron a un castillo, metido en una selva 31.1
sombría, y vieron a la Princesa Bella-Flor, que estaba
echando afrecho a sus gallinas.
Soon they came to a castle in a gloomy forest, and saw the
Princess Belle-Flower, who was feeding her chickens with
bran.

32.1   – Atiende - le dijo a José el caballo blanco-;
       – Listen," said the white horse to Joseph;

32.2   ahora voy a dar muchos saltitos y hacer piruetas,
       "now I am going to jump and pirouette a great deal,

32.3   y esto le hará gracia a Bella-Flor;
       and this will amuse Bella-Flor;

32.4   te dirá que quiere montar un rato,
       she will tell you that she wants to ride for a while,

32.5   y tú la dejarás que monte;
       and you will let her ride;

32.6   entonces yo me pondré a dar coces y relinchos;
       then I will kick and whinny;

32.7   se asustará, y tú la dirás entonces que eso es porque
       no estoy hecho a que me monten las mujeres, y
       montándome tú, me amansaré;
       she will be frightened, and you will then tell her that this is
       because I am not made to be ridden by women, and by you
       riding me, I will be tamed;

32.8   te montarás,
       you will mount yourself,

32.9   y saldré a escape hasta llegar al palacio del Rey.
       and I will ride away until I reach the King's palace.

Todo sucedió tal cual lo había dicho el caballo, y sólo cuando salieron a escape, conoció Bella-Flor la intención de robarla que había traído aquel jinete.

33.1

Everything happened just as the horse had said, and it was only when they left to escape that Bella-Flor learned of the horseman's intention to steal her.

Entonces dejó caer el afrecho que llevaba al suelo, en que se desperdigó, y le dijo a su compañero que se le había derramado el afrecho y que se lo recogiese.

34.1

Then he dropped the bran he was carrying on the ground, where it was scattered, and told his companion that he had spilled the bran and to pick it up for him.

– Allí, donde vamos - respondió José-, hay mucho afrecho.

35.1

– There, where we are going," answered José, "there is a lot of bran.

Entonces, al pasar bajo un árbol, tiró por alto su pañuelo, que se quedó prendido en una de las ramas más altas, y dijo a José que se apease y se subiese al árbol para cogérselo;

36.1

Then, as he passed under a tree, he threw down his handkerchief, which was caught on one of the topmost branches, and told Joseph to get down and climb up the tree to take it from him;

pero José le respondió:

36.2

but Joseph answered him:

– Allá, donde vamos, hay muchos pañuelos.

37.1

– Wherever we go, there are many handkerchiefs.

38.1 Pasaron entonces por un río, y ella dejó caer en él una sortija, y le pidió a José que se apease para cogérsela;

Then they passed by a river, and she dropped a ring into it, and asked Joseph to get down and take it from her;

38.2 pero José le respondió que allí donde iban,

but Joseph replied that wherever they went,

38.3 había muchas sortijas.

there were many rings.

39.1 Llegaron, por fin, al palacio del Rey, que se puso muy contento al ver a su amada Bella-Flor;

At last they reached the palace of the King, who was very happy to see his beloved Belle-Flower;

39.2 pero esta se metió en un aposento, en que se encerró, sin querer abrir a nadie.

but she went into a chamber, where she shut herself up, refusing to open to anyone.

39.3 El Rey la suplicó que abriese;

The King begged her to open;

39.4 pero ella dijo que no abriría hasta que le trajesen las tres cosas que había perdido por el camino.

but she said she would not open until the three things she had lost on the way were brought to her.

40.1 – No hay más remedio, José - le dijo el Rey-, sino que tú, que sabes las que son, vayas por ellas, y si no las traes, te mando ahorcar.

– There is nothing else to do, José," said the King, "but for you, who know what they are, to go and get them, and if you do not bring them, I will have you hanged.

El pobre José se fue muy afligido a cortárselo al caballito blanco, 41.1

Poor Joseph was very distressed and went to tell the little white horse,

el que le dijo: 41.2

who told him:

– No te apures; monta sobre mí, y vamos a buscarlas. 42.1

– Don't hurry; ride on me, and let's go look for them.

Pusiéronse en camino y llegaron al hormigal. 43.1

They set out on their way and arrived at the ant farm.

– ¿Quisieras tener el afrecho? - preguntó el caballo. 44.1

– Would you like to have the bran? - asked the horse.

– ¿No había de querer? - contestó José. 45.1

– Wouldn't he want to? - José answered.

– Pues llama a las hormiguitas y diles que te lo traigan, que si aquel se ha desperdigado, te traerán el que han sacado de los panes de munición, que no habrá sido poco. 46.1

– Well, call the little ants and tell them to bring it to you; if that one has been scattered, they will bring you the one they have taken from the loaves of ammunition, which will not have been little.

Y así sucedió; 47.1

And so it happened;

47.2 las hormiguitas, agradecidas a él, acudieron, y le pusieron delante un montón de afrecho.

the little ants, grateful to him, came and placed a pile of bran in front of him.

48.1 – ¿Lo ves - dijo el caballito - cómo el que hace bien, tarde o temprano recoge el fruto?

– Do you see," said the little horse, "how he who does well, sooner or later reaps the fruit?

49.1 Llegaron al árbol al que había echado Bella-Flor su pañuelo,

They came to the tree on which Bella-Flor had thrown her handkerchief,

49.2 el que ondeaba como un banderín en una rama de las más altas.

which waved like a pennant on one of the highest branches.

50.1 – ¿Cómo he de coger yo ese pañuelo - dijo José-, si para eso se necesitaría la escala de Jacob?

– How am I to get that handkerchief," said Joseph, "if that would require Jacob's ladder?

51.1 – No te apures - respondió el caballito blanco-;

– Don't hurry," replied the little white horse;

51.2 llama al águila que libertaste de las redes del cazador,

"call the eagle you freed from the hunter's nets,

51.3 y ella te lo cogerá.

and she will catch it for you.

52.1 Y así sucedió.

And so it happened.

Llegó el águila, cogió con su pico el pañuelo, y se lo entregó a José. 52.2

The eagle came and took the handkerchief in his beak and handed it to Joseph.

Llegaron al río, que venía muy turbio. 53.1

They reached the river, which was very turbid.

– ¿Cómo he de sacar esa sortija del fondo de este río hondo, cuando ni se ve, ni se sabe el sitio en que Bella-Flor la echó? 54.1

– How am I to get that ring out of the bottom of this deep river, when you can't see it, nor know where Bella-Flor threw it?

– dijo José. 54.2

– said José.

– No te apures - respondió el caballito-; 55.1

– Don't hurry," replied the little horse;

llama al pececito que salvaste, que él te la sacará. 55.2

"call the little fish you saved, and he'll get it for you.

Y así sucedió, y el pececito se zambulló y salió tan contento, meneando la cola, con el anillo en la boca. 56.1

And so it happened, and the little fish dived in and came out so happy, wagging its tail, with the ring in its mouth.

Volviose, pues, José muy contento al palacio; 57.1

So Joseph went back to the palace very happy;

pero cuando le llevaron las prendas a Bella-Flor, 57.2

but when they brought the clothes to Bella-Flor,

57.3 dijo que no abriría ni saldría de su encierro mientras no friesen en aceite al pícaro que la había robado de su palacio.

he said that he would not open or leave his confinement until they fried in oil the rogue who had stolen them from his palace.

58.1 El Rey fue tan cruel, que se lo prometió, y dijo a José que no tenía más remedio que morir frito en aceite.

The King was so cruel, he promised him, and told Joseph that he had no choice but to die fried in oil.

59.1 José se fue muy afligido a la cuadra y contó al caballo blanco lo que le pasaba.

Joseph went to the stable in great distress and told the white horse what had happened to him.

60.1 – No te apures - le dijo el caballito-; móntate sobre mí,

– Don't be in a hurry," said the little horse; "ride on me,

60.2 correré mucho y sudaré;

I will run a lot and sweat;

60.3 úntate tu cuerpo con mi sudor, y déjate confiado echar en la caldera, que no te sucederá nada.

anoint your body with my sweat, and let me throw you confidently into the cauldron, nothing will happen to you.

61.1 Y así sucedió todo;

And so it all happened;

y cuando salió de la caldera, salió hecho un mancebo   61.2
tan bello y gallardo, que todos quedaron asombrados,
y más que nadie Bella-Flor, que se enamoró de él.

and when he came out of the cauldron, he emerged as such
a handsome and dashing young man, that everyone was
astonished, and most of all Bella-Flor, who fell in love with
him.

Entonces el Rey, que era viejo y feo, al ver lo que le   62.1
había sucedido a José, creyendo que a él le sucediese
otro tanto, y que entonces se enamoraría de él Bella-
Flor, se echó en la caldera y se hizo un chicharrón.

Then the King, who was old and ugly, seeing what had
happened to Joseph, believing that the same would happen
to him, and that Bella-Flor would then fall in love with
him, threw himself into the cauldron and made himself a
crackling.

Todos entonces proclamaron por Rey al Chambelán,   63.1

All then proclaimed as King the Chamberlain,

que se casó con Bella-Flor.   63.2

who married Bella-Flor.

Cuando fue a darle gracias por sus buenos servicios al   64.1
que todo se lo debía, al caballito blanco, este le dijo:

When he went to thank the one to whom he owed
everything, the little white horse, for his good services,
the latter said to him:

65.1 – Yo soy el alma de aquel infeliz en cuya ayuda, enfermedad y entierro gastaste cuanto tenías, y al verte tan apurado y en peligro, he pedido a Dios permiso para poder, a mi vez, acudir en tu ayuda y pagarte tus beneficios.

– I am the soul of that unhappy man on whose help, sickness and burial you spent all you had, and seeing you in such a hurry and in danger, I have asked God's permission to come to your aid in my turn and pay you for your benefits.

65.2 Por eso te he dicho y te lo vuelvo a decir, de que nunca de canses de hacer bien.

That is why I have told you and I tell you again that you should never tire of doing good.

El lirio azul

The Blue Lily

1.1 Había vez y vez un Rey que tenía tres hijos,

Once upon a time there was a King who had three sons,

1.2 a los que dijo que daría la corona a aquel de los tres que le trajese el lirio azul.

to whom he said he would give the crown to the one of the three who would bring him the blue lily.

2.1 Echáronse los hijos cada cual por distinto rumbo a buscarlo por esos mundos.

The children each went their separate ways to look for him in those worlds.

3.1 El más chico encontró la flor y se la metió muy contento dentro de la media, por si encontraba a sus hermanos, que no la vieran.

The youngest found the flower and tucked it very happily into his stocking, in case he found his brothers, so that they would not see it.

En medio de un arroyo seco se lo encontraron, y
conocieron ellos que llevaba la flor, y se dijo uno a
otro:

3.2

In the middle of a dry brook they found it, and they knew
that he was carrying the flower, and they said to each
other:

– ¿Qué haremos para quitársela y ganarnos la corona?

4.1

– What will we do to take it away and win the crown?

El otro respondió:

5.1

The other responded:

– Matarle.

6.1

– Kill him.

Y así lo hicieron, enterrándolo después en la arena.

7.1

And so they did, burying it later in the sand.

Como eran dos, y una sola la flor, echaron a suertes a
ver quién la ganaba, y le favoreció al mayor.

8.1

As there were two of them, and only one flower, they drew
lots to see who would win it, and it went to the eldest.

Se fue muy contento a su casa, y cuando llegó y le
dio a su padre la flor, el Rey le declaró heredero de la
corona.

8.2

He went home very happy, and when he arrived and gave
his father the flower, the King declared him heir to the
crown.

9.1 En esto pasó un pastor por el sitio en que estaba enterrado el hermano más chico, y vio que salía de la tierra una cañita blanca, la que arrancó e hizo con ella una flauta.

At this time a shepherd passed by the place where the younger brother was buried, and saw a little white reed sticking out of the earth, which he pulled out and made a flute out of it.

9.2 La tocó, y decía:

He played it and said:

10.1 Fue tocando esto hasta pasar delante del palacio del Rey, y este, habiendo oído la flauta, salió a llamar al pastor, y le dijo:

He went playing this until he passed in front of the King's palace, and the King, having heard the flute, went out to call the shepherd, and said to him:

11.1 – Sube a tocarme esa flauta, que quiero oírla.

– Come up and play that flute for me, I want to hear it.

12.1 Entró el pastor y se puso a tocarla,

The shepherd went in and began to play it,

12.2 y repitió su canción. Mandó llamar el Rey a sus hijos,

and repeated his song. The king sent for his sons,

12.3 y le dijo al pastor que le dijere de dónde había sacado aquella flauta.

and told the shepherd to tell him where he had got the flute.

El pastor los llevó al sitio donde había encontrado su flauta, 12.4

The shepherd took them to the place where he had found his flute,

y el Rey dijo a sus hijos: 12.5

and the King said to his sons:

– ¿Sois vosotros los que habéis muerto a vuestro hermano? 13.1

– Are you the ones who killed your brother?

Pero ellos dijeron que no. 14.1

But they said no.

Su padre mandó que levantaran la arena en aquel lugar, y encontraron al niño vivo y sano, sólo faltándole un dedo que había quedado fuera cuando lo enterraron, y era el que había servido para hacer la flauta, y el padre dio la corona al niño y castigó a sus hermanos. 15.1

His father ordered the sand to be lifted in that place, and they found the child alive and well, only missing a finger that had been left out when they buried him, and it was the one that had served to make the flute, and the father gave the crown to the child and punished his brothers.

Vivió y reinó muchos años, 16.1

He lived and reigned for many years,

pero siempre sin un dedo. 16.2

but always without a finger.

17.1 **Cuento contado, ya se ha acabado, y por la chimenea se fue al terrado.**

Tale told, it was over, and down the chimney he went to the roof.

El pájaro de la verdad
The Bird of Truth

1.1 Érase vez y vez un pescador muy pobre, que vivía
en una chocita en la orilla de un río, muy claro,
muy manso, aunque profundo, el que huyendo del
sol y la bulla, se entraba por entre árboles, zarzas
y cañaverales a escuchar a los pajaritos que le
alegraban con sus cantos.

Once upon a time there was a very poor fisherman, who
lived in a small hut on the bank of a river, very clear, very
gentle, although deep, who, fleeing from the sun and the
noise, would go through trees, brambles and reeds to listen
to the birds that cheered him with their songs.

2.1 Un día que, metido en su lanchita, iba el pescador
a echar sus redes, vio bajar pausadamente por la
corriente una arquita de cristal.

One day, when the fisherman was going to cast his nets in
his little boat, he saw a little glass arch slowly drifting down
the stream.

Bogole al encuentro, y ¡cuál no sería su asombro al ver en ella acostadas sobre algodones a dos criaturas recién nacidas, niño y niña, al parecer mellizos! 2.2

Bogole met it, and what was his astonishment to see two newborn babies, a boy and a girl, apparently twins, lying on cotton wool!

Al pobre pescador le dio mucha lástima de ellas y se las llevó a su mujer, 2.3

The poor fisherman felt very sorry for them and took them to his wife,

que a la sazón estaba criando. 2.4

who was raising them at the time.

– ¡Eso es! 3.1

– That's right!

– dijo esta cuando se los presentó-. Tenemos ocho hijos, y como si no tuviésemos bastantes, me traes unos pocos más. 3.2

– We have eight children, and as if we didn't have enough, you bring me a few more. .

– Mujer - repuso el pobre pescador-, ¿y qué hacía? ... 4.1

– Woman - said the poor fisherman-, and what did you do? ...

¿Dejaba ir sin projimidad ni caridad ninguna a estos angelitos río abajo, 4.2

Did you let these little angels go down the river without any charity or projection,

a que se muriesen de hambre o a que se los tragase la mar con sus grandes tragaderas? 4.3

to die of hunger or to be swallowed up by the sea with its great gulps?

4.4 ¡Dios, que nos envía estos dos hijitos más, cuidará de ayudarnos a criarlos!

God, who sent us these two more little children, will take care to help us raise them!

5.1 Y así sucedió;

And so it happened;

5.2 porque los niños se criaron sanos y robustos a la par de sus otros ocho hijos.

for the children grew up healthy and robust on a par with his other eight sons.

5.3 Eran ambos tan buenos, tan dóciles y tan compuestitos, que el pescador y su mujer los querían mucho, y de continuo se los ponían por ejemplo a sus otros hijos, por lo cual estos, envidiosos y enrabiados, les hacían mil injusticias y mil agravios;

They were both so good, so docile and so docile, that the fisherman and his wife loved them very much, and they continually set them as an example to their other children, for which the latter, envious and angry, did them a thousand injustices and a thousand wrongs;

5.4 de manera que huyendo de estos vejámenes,

so that fleeing from these vexations,

5.5 se iban los huérfanos a refugiar entre las arboledas y cañaverales de las orillas del río.

the orphans went to take refuge among the groves and reed beds on the banks of the river.

Divertíanse con los pajaritos, a los que llevaban 5.6
migajas de pan, y estos, agradecidos, volaban a su
encuentro y les enseñaban la lengua de los pájaros,
que aprendieron pronto;

They amused themselves with the little birds, to whom they
brought crumbs of bread, and these, grateful, flew to meet
them and taught them the language of the birds, which
they soon learned;

y así se entretenían con ellos y les enseñaron muchas 5.7
cosas muy buenas y muy bonitas,

and so they amused themselves with them and taught them
many very good and beautiful things,

siendo una de ellas el levantarse temprano y otra el 5.8
cantar.

one of them being to get up early and another to sing.

Un día que estaban los hijos del pescador más 5.9
rabiosos que nunca,

One day when the fisherman's sons were more furious than
ever,

les dijeron a los mellizos: 5.10

they said to the twins:

- Nosotros somos bien nacidos e hijos de cristianos; 6.1

We are well-born and children of Christians;

pero vosotros, con toda vuestra compostura y 6.2
señorío, sois unos mal nacidos, sin más padre ni
más madre que el río, lo propio que los sapos y las
ranas.

but you, with all your composure and lordliness, are ill-
born, with no father or mother but the river, the same as
toads and frogs.

7.1 Al recibir este insulto los huérfanos, que tenían vergüenza, se atribularon y avergonzaron tanto, que determinaron irse por esos mundos de Dios o buscar a sus padres.

On receiving this insult the orphans, who were ashamed, were so troubled and ashamed, that they determined to go away through those worlds of God or to seek their parents.

8.1 A la madrugada siguiente, salieron, pues, sin que nadie los sintiese, y empezaron a caminar ...a caminar ...a la ventura, por esos campos.

At dawn the next morning, they set out, without anyone noticing them, and began to walk ...to walk ...at random, through those fields.

8.2 A medio día no habían vislumbrado pueblo alguno,

By midday they had not seen any village,

8.3 ni visto alma viviente.

nor any living soul.

9.1 Estaban cansados, sedientos y abatidos, cuando al revolver un montecillo, se encontraron con una casita;

They were tired, thirsty and despondent, when, while searching a small hill, they came upon a small house;

9.2 pero cuando se llegaron a ella,

but when they reached it,

9.3 la hallaron cerrada y ausentes sus dueños.

they found it closed and its owners absent.

Entonces, descorazonados, se sentaron a descansar en un poyo que tenía la puerta. 10.1

Then, disheartened, they sat down to rest on a bench by the door.

A poco rato notaron que se reunían una porción de golondrinas en el ala del tejado, y como son tan picoteras, se ponían a charlar unas con otras. 10.2

After a short time they noticed that a number of swallows were gathering on the wing of the roof, and as they are so peckish, they began to chat with each other.

Habiendo ellos aprendido la lengua de los pájaros, 10.3

Having learned the language of the birds,

entendían lo que decían. 10.4

they understood what they were saying.

– ¡Hola, comadre de la ciudad! 11.1

– Hello, comrade of the city!

– decía una de ellas que tenía el talante un poco palurdo, a otra que lo tenía muy fino y distinguido. 11.2

– said one of them, who was a bit of a hick, to another who had a very fine and distinguished disposition.

¡Dichosos los ojos que la ven a usted! 11.3

Happy are the eyes that see you!

Pensé que tenía usted a sus amigas del campo olvidadas; 11.4

I thought you had forgotten your friends from the countryside;

¡ya! ¡Como vive usted en un palacio! ... 11.5

now! you live in a palace! ...

12.1 – Heredé el nido de mis padres - contestó la otra-
, y como no lo han desvinculado, todavía lo sigo
viviendo, como usted el suyo.

– I inherited my parents' nest," replied the other, "and
since they haven't disengaged it, I'm still living it, as you
are living yours.

12.2 Pero dígame, ante todo - prosiguió con fina política-,
¿cómo le va a usted y a toda su familia?

But tell me, first of all," she continued with fine politics,
"how are you and your whole family doing?

13.1 – Bien, a Dios gracias, porque aunque he tenido a
mi Beatricilla con una fluxión de ojos que poco ha
faltado para que se me quedase ciega, fui por nuestro
remedio, el

– Well, thank God, because although I have had my
Beatricilla with a fluxion of the eyes that was close to
making her go blind, I went for our remedy, the

13.2 "pito-real", y se mejoró como por ensalmo.

"pito-real", and she got better as if by magic.

14.1 – Pero, ¿qué novedades me cuenta usted comadre
Beatriz?

– But, what news do you tell me, comrade Beatriz?

14.2 ¿Canta bien el ruiseñor?

Does the nightingale sing well?

14.3 ¿Se eleva siempre tan airosa la alondra?

Does the lark always soar so gracefully?

14.4 ¿Se engalana el jilguero?

Does the goldfinch adorn itself?

– Hermana - contestó la interrogada-, no tengo que contar a usted sino puros escándalos. 15.1

– Sister," she replied, "I have nothing to tell you but pure scandals.

La grey nuestra, que antes era tan inocente y morigerada, está perdida y va tomando los ejemplos de los hombres. 15.2

Our flock, which used to be so innocent and morigrated, is lost and is taking the examples of men.

¡Es un dolor! 15.3

It's a pain!

– ¡Qué! 16.1

– What!

¿Las buenas costumbres y la inocencia no se encuentran en el campo ni entre los pájaros? 16.2

Good manners and innocence are not to be found in the countryside or among the birds?

¡Comadre! ¿Qué me dice usted? 16.3

Mother! What do you say?

– La verdad pura y no más; 17.1

– The pure truth and no more;

figúrese usted que al llegar de nuestro viaje aquí, nos encontramos con las currucas, que se van cuando viene la primavera, los días largos y las flores, buscando el frío y los temporales; 17.2

imagine that when we arrived from our trip here, we met the warblers, who leave when spring comes, the long days and the flowers, looking for the cold and the storms;

17.3 al ver esa insensatez, por compasión las quisimos disuadir, a lo que nos contestaron con la mayor insolencia.

when we saw this foolishness, out of compassion we wanted to dissuade them, to which they answered us with the greatest insolence.

18.1 – ¿Cómo fue eso?

– How was that?

19.1 – Las dijimos:

– We told them:

20.1 Esta fue la respuesta que nos dieron,

This was the answer they gave us,

20.2 con la que nos hicieron salir los colores a la cara.

which brought out the colors in our faces.

21.1 – ¡Qué oigo! - exclamó su interlocutora-.

– What do I hear! - Who has ever dared to call us-.

21.2 ¿Quién ha osado nunca tacharnos a nosotras, las más honestas y fieles de las aves, de disolutas?

the most honest and faithful of birds, dissolute?

22.1 – ¿Y qué pensará usted si le digo - prosiguió la primera - que la cogujada, que era tan tímida y tan mujer de bien, se ha hecho una insolente ladrona, y que.

– And what will you think if I tell you," continued the first one, "that the cogujada, who was so shy and such a good woman, has become an insolent thief, and that she has become an insolent thief.

– ¡Estoy atónita!   23.1
– I am stunned!

– Pues no sabe usted de la misa la media.   24.1
– Well, you don't know the half of it.

Cuando llegué aquí y quise entrar en mi nido, me   24.2
encontré en él, muy arrellenado, a un desvergonzado
gorrión.
When I arrived here and wanted to enter my nest, I found a
shameless sparrow in my nest.

"Este nido es mío," le dije. "¿Tuyo?",   24.3
"This nest is mine," I said to him. 'Yours?",

me contestó el muy grosero echándose a reír.   24.4
the very rude one replied, laughing.

"Mío y muy mío". "La propiedad es un robo,"   24.5
"Mine and very much mine". "Property is theft,"

me pitó con coraje. "Señor ...¿Está usted en sí?",   24.6
he whistled at me angrily. "Sir ...Are you all right?",

le dije. "Ese nido lo labraron mis abuelos;   24.7
I said. "That nest was carved out by my grandparents;

en él me criaron mis padres,   24.8
in it my parents raised me,

y en él criaré a mis hijos". "No hay familia,"   24.9
and in it I will raise my children". "There is no family,"

me dijo aquel emberrenchinado. Al ver esto me   24.10
desmayé,
he said to me. When I saw this I fainted,

24.11 y todas mis compañera se pusieron a llorar. Cuando volví en mí,

and all my companions began to cry. When I came to myself,

24.12 nuestros maridos habían echado a aquel pícaro ladrón.

our husbands had driven away that roguish thief.

24.13 Pero usted, hermana, no verá tales escándalos por los palacios.

But you, sister, you will not see such scandals in the palaces.

25.1 – ¡Veo otros! ...¡Ay! ¡Si usted supiera! ...

– I see others! ...Oh! If you only knew! ...

26.1 – ¡Cuente usted! ¡Cuente usted! -

– You tell us, you tell us, you tell us! -

26.2 exclamaron todas las golondrinas a un tiempo y precipitadamente;

exclaimed all the swallows at once and hastily;

26.3 y después que el silencio se hubo restablecido,

and after the silence had been restored,

26.4 merced a un recio y prolongado

thanks to a loud and prolonged

26.5 "oíd", que pitó la decana, la palaciega empezó su relato en estos términos:

"oíd", which the dean blew, the palatial woman began her story in these terms:

– Han de saber ustedes que el Rey se enamoró de la
más pequeña de las hijas de un sastre, que vivía cerca
de palacio, y se casó con ella; 27.1

– You must know that the King fell in love with the
youngest daughter of a tailor, who lived near the palace,
and married her;

y la niña se lo merecía, porque era tan buena como
hermosa y tan humilde como discreta. 27.2

and the girl deserved it, for she was as good as she was
beautiful, and as humble as she was discreet.

Sucedió que tuvo que ir el Rey a una guerra, y la Reina
quedó embarazada y con el sentimiento de separarse,
en aquellas circunstancias, de su marido. 27.3

It so happened that the King had to go to war, and the
Queen became pregnant and with the feeling of being
separated, in those circumstances, from her husband.

¡Con razón lo sentía! 27.4

She was rightly sorry!

Porque los ministros y cortesanos, que no la querían
por Reina, por ser hija de un sastre, tramaron
perderla; 27.5

For the ministers and courtiers, who did not want her for
Queen, because she was the daughter of a tailor, plotted to
lose her;

por lo cual, cuando salió de su ocasión, dando a luz
unos hermosos mellizos, los muy pícaros escribieron
al Rey que lo que la Reina había parido era un gato y
una culebra. 27.6

for which reason, when she came out of her occasion,
giving birth to beautiful twins, the very rogues wrote to the
King that what the Queen had given birth to was a cat and a
snake.

28.1 Cuando recibió semejante nueva el Rey, furioso y avergonzado, expidió una Real orden, que mandaba que lo que la Reina hubiese parido fuese echado al río, y que fuese ella emparedada;

When the King received such news, furious and ashamed, he issued a royal order, which commanded that whatever the Queen had given birth to be thrown into the river, and that she be walled up;

28.2 y así se hizo.

and so it was done.

28.3 La buena Reina fue emparedada, y los angelitos, metidos en una arquita de cristal, fueron echados al río.

The good Queen was walled up, and the little angels, put in a little glass arch, were thrown into the river.

29.1 Las golondrinas, que son tan buenas y tan madreras, se pusieron a alimentarse en coro sobre la suerte de la pobre Reina y de las inocentes criaturas, y los mellizos se miraron asombrados, sospechando si podrían ser ellos aquellos niños abandonados.

The swallows, who are so good and so early, began to feed in chorus on the fate of the poor Queen and the innocent creatures, and the twins looked at each other in astonishment, suspecting whether they might be the abandoned children.

30.1 La narradora prosiguió:

The narrator continued:

31.1 – Pero oigan ustedes lo que ha permitido Dios para burlar los planes de los malvados.

– But hear what God has allowed to circumvent the plans of the wicked.

La Reina fue emparedada;   31.2

The Queen was walled up;

pero su ama, que la quería mucho, logró hacer   31.3
un agujero en la pared, y por allí la suministraba
alimentos, como nosotras a nuestros polluelos;

but her mistress, who loved her very much, managed to
make a hole in the wall, and through there she supplied her
with food, as we do our chicks;

y esta señora vive, aunque una vida de mártir.   31.4

and this lady lives, though a martyr's life.

Los niños fueron recogidos por un buen pescador,   31.5
que los ha criado, según me ha contado un amigo
mío,

The children were taken in by a good fisherman, who has
brought them up, as I have been told by a friend of mine,

"Martín, pescador", que está establecido a orillas del   31.6
río.

"Martin, fisherman", who is settled on the banks of the
river.

Los mellizos, que esto oían, estaban enajenados y   32.1
cada vez más contentos de haber aprendido la lengua
de los pájaros;

The twins, who heard this, were delighted and more and
more happy to have learned the language of the birds;

con lo cual se prueba que nunca se deben desperdiciar   32.2
las ocasiones de aprender, pues cuando menos se
piensa, puede ser de gran utilidad lo aprendido.

which proves that one should never waste an opportunity
to learn, for when one least thinks of it, what one has
learned can be of great use.

33.1 – De manera - dijeron con alegría las golondrinas - que cuando esos niños sean mayores, podrán recuperar su puesto al lado de su padre y libertar a su madre.

– So," said the swallows joyfully, "when these children grow up, they will be able to regain their place at their father's side and free their mother.

34.1 – Esto no es tan fácil - repuso la narradora-, porque no podrán identificar su persona, ni probar así la inocencia de su madre, ni la maldad de los ministros, pues sólo hay un medio por el que podían desengañar al Rey.

– This is not so easy," replied the narrator, "for they will not be able to identify her person, nor thus prove the innocence of her mother, nor the wickedness of the ministers, for there is only one means by which they could disabuse the King.

35.1 – ¿Y cuál es? ¿Cuál es?

– And which one is it? Which one is it?

35.2 – preguntaron a una voz todas las golondrinas.

– asked all the swallows in one voice.

35.3 ¿Cómo lo sabe usted?

How do you know?

36.1 – Lo sé - contestó la interrogada - porque pasando un día por el jardín de palacio, me di de patas a pico con un cucú, que como saben ustedes es pájaro zahorí, y sabe hasta lo venidero;

– I know," answered the questioned woman, "because one day, while passing through the palace garden, I came face to face with a cuckoo, which, as you know, is a dowsing bird, and knows even what is to come;

y discurriendo ambos sobre las cosas de palacio,   36.2

and while we were discussing palace matters,

me dijo lo siguiente: 36.3

it told me the following:

(Los niños y las golondrinas se pusieron a escuchar   37.1
con redoblada atención, y hasta las golondrinillas
sacaron, con grave riesgo de caerse, su cabecita calva
fuera de los nidos, sin que lo notasen sus madres, que
a haberlo advertido, les hubiesen dado un picotazo en
castigo).

(The children and the swallows began to listen with
redoubled attention, and even the swallows, at great risk
of falling, stuck their little bald heads out of their nests,
without their mothers noticing, who would have given
them a peck as punishment if they had noticed).

– El solo que puede persuadir al Rey - prosiguió la   38.1
palaciega - es el "Pájaro de la Verdad", que habla la
lengua de los hombres, aunque ellos, las más veces,
no saben o no quieren entenderle.

– The only one who can persuade the King," continued the
palatial woman, "is the "Bird of Truth," who speaks the
language of men, although they, more often than not, do
not know or do not want to understand him.

– Y ese pájaro, ¿dónde está? - pregunté yo al cucú.   39.1

– And that bird, where is it? - I asked the cuckoo.

– Ese pájaro está - contestó - en el castillo de "Irás y no   40.1
volverás;"

– That bird is," he answered, "in the castle of "Thou shalt go
and not return;"

40.2 **ese castillo lo guarda un gigante feroz,**
that castle is guarded by a fierce giant,

40.3 **que no duerme sino un cuarto de hora en las veinticuatro.**
who sleeps but a quarter of an hour in the twenty-four.

40.4 **Si al despertar alcanza a alguno fuera o dentro del castillo, con su tremendo brazo le echa mano y se lo engulle, lo mismo que nosotras a un mosquito.**
If, when he wakes up, he catches one of them outside or inside the castle, with his tremendous arm he lays hold of him and swallows him up, just as we do a gnat.

41.1 **– ¿Y dónde está ese castillo?**
– And where is this castle?

41.2 **– preguntó la curiosa comadre Beatriz.**
– asked the curious comadre Beatriz.

42.1 **– Eso es lo que yo no sé - contestó su amiga-;**
– That is what I do not know," answered her friend;

42.2 **lo único que sé es que no lejos hay una torre, en la que vive una pícara bruja, que es la que sabe el camino, y que lo enseña por tal de que le traigan de la fuente que corre allí "el agua de muchos colores", que sirve para sus encantos;**
"all I know is, that not far off there is a tower, in which lives a wicked witch, who knows the way, and who teaches it so long as they bring her from the fountain that runs there "the water of many colors," which is used for her charms;

pero que no dirá, aunque la maten, dónde está el   42.3
"Pájaro de la Verdad", al cual tiene aborrecido y
quisiera matar;

But she will not tell, even if they kill her, where the "Bird of
Truth" is, whom she hates and would like to kill;

pero como a ese pájaro nadie lo puede matar, lo que   42.4
hace ella y su compadre el gigante es tenerle preso y
guardado por los pájaros de la mentira, que le tienen
acogotado, sin dejarle respirar.

but since no one can kill that bird, what she and her
compadre the giant do is to keep him prisoner and guarded
by the birds of lies, who keep him in a tight grip, without
letting him breathe.

– ¿Pero nadie más le podrá dar razón al pobre niño si   43.1
llegase a ir, de dónde tienen escondido al "Pájaro de la
Verdad"?

– But no one else will be able to tell the poor child, if he
were to go, where the "Bird of Truth" is hidden?

– preguntaron las campesinas.   43.2

– asked the peasant women.

– Nadie - respondió la ciudadana-, sino un piadoso   44.1
mochuelo que se ha hecho ermitaño en aquella
soledad;

– No one," replied the citizen, "but a pious little owl who
has made himself a hermit in that solitude;

44.2 pero de la lengua de los hombres no sabe más que la palabra "¡cruz!", que tan impresa se le quedó cuando presenció en el Calvario la crucifixión del Redentor de los hombres, que no cesa de repetirla tristemente.

but of the language of men he knows only the word "cross," which was so impressed upon him when he witnessed on Calvary the crucifixion of the Redeemer of men, that he never ceases to repeat it sadly.

44.3 Así es que no se podrá hacer entender del Príncipe,

So it will not be possible to understand the Prince,

44.4 aun dado el imposible caso de que por allí fuese.

even if it were impossible for him to go there.

44.5 Pero amigas, quédense ustedes con Dios, que en tan sabrosa plática se me ha pasado la tarde en un decir Pipí;

But, my friends, stay with God, for in such a delightful talk the afternoon has passed me by in a Pipi;

44.6 el sol va buscando su nido,

the sun is looking for his nest,

44.7 que tiene hecho de espumas en el fondo del mar.

which he has made of foam at the bottom of the sea.

44.8 Y yo voy a buscar el mío;

And I'm going to look for mine;

44.9 que mis hijitos me estarán echando de menos.

my little children will be missing me.

44.10 Con Dios ...¡Comadre "Beatriiiiz"!

With God ...Mother "Beatriiiiz"!

Diciendo esto, la golondrina tomó su vuelo, y los niños, sin sentir con su alegría hambre ni cansancio, se levantaron y siguieron su camino en la dirección del vuelo que había tomado la golondrina. 45.1

So saying, the swallow took flight, and the children, feeling neither hungry nor tired with their joy, got up and went on their way in the direction of the flight the swallow had taken.

Al toque de oraciones llegaron a una ciudad, 46.1

At the sound of prayer they came to a town,

que calcularon sería aquella en que moraba su padre. 46.2

which they guessed to be the one where their father lived.

Pidieron a una buena mujer que les diese albergue por aquella noche, lo que ella, viéndolos tan bonitos y tan modositos, les concedió gustosa. 46.3

They asked a good woman to give them lodging for the night, which she, seeing them so beautiful and so polite, granted them gladly.

A la mañana siguiente, apenas amaneció, cuando ya estaba la niña barriendo la casa, y el niño sacando agua y regando el jardín; de manera que cuando la buena mujer se levantó, se encontró las haciendas hechas; por lo cual se mostró tan contenta que propuso a los niños que se quedasen a vivir con ella. 47.1

The next morning, as soon as it was light, the girl was already sweeping the house, and the boy was drawing water and watering the garden; so that when the good woman got up, she found the house ready, and she was so pleased that she suggested to the children that they should stay and live with her.

El niño contestó que su hermana lo haría; 47.2

The boy replied that his sister would do so:

47.3 pero que en cuanto a él,

but as for himself,

47.4 le precisaba concluir un negocio para el que había
venido allí.

he needed to finish the business for which he had come
there.

47.5 Despidiose, pues, y siguió su camino a la buena
ventura, pidiendo a Dios guiase sus pasos para llevar
a cabo tan arriesgada empresa.

So he took his leave and went on his way to good fortune,
asking God to guide his steps to carry out such a risky
enterprise.

48.1 Tres días anduvo por esos andurriales, sin encontrar
ni vestigio de torre, y al cuarto se sentó, triste y
desesperanzado, a la sombra de un árbol.

For three days he wandered through the wilderness,
without finding any trace of a tower, and on the fourth
day he sat down, sad and hopeless, in the shade of a tree.

48.2 Sucedió que al cabo de un rato vio llegar a una
tortolita, la que se posó en las ramas del árbol.

It happened that after a while he saw a little turtle arrive
and perch in the branches of the tree.

48.3 Díjole el niño en su lenguaje:

The boy said to it in his own language:

El niño le dio las gracias, y se puso en seguida en camino, temiendo que al viento, como es tan voluntarioso y mudable, le diese gana de cambiar de rumbo.

The boy thanked him and set off at once, fearing that the wind, being so willful and changeable, might be tempted to change its course.

El campo cada vez se hizo más árido y triste, y al anochecer divisó entre sombras y desnudas rocas una mole más negra que ambas, que era la torre en que moraba la bruja.

50.1

The field became more and more arid and sad, and at nightfall he saw among the shadows and naked rocks a mass blacker than both, which was the tower where the witch lived.

Su vista amedrentaba;

50.2

The sight of it was frightening;

pero como el niño estaba animoso, como todo el que lleva por objeto muy buen propósito, siguió impávido;

50.3

but as the boy was courageous, like all those who have a very good purpose in view, he continued undaunted;

y llegado que hubo, tomó una piedra, y con ella tocó tres golpes a la puerta, que repitieron las concavidades de las peñas, como suspiros arrancados de sus entrañas.

50.4

and when he arrived, he took a stone, and with it he knocked three times on the door, which the concavities of the rocks repeated, like sighs torn from his entrails.

51.1 Abriose la puerta y apareció en el quicio, con un candil en la mano que alumbraba su rostro, una vieja tan decrépita y tan horrenda, que el pobre niño dio, horrorizado, tres pasos atrás.

The door opened and an old woman, so decrepit and hideous that the poor boy took three horrified steps backward, appeared in the doorway with a candle in her hand that illuminated her face.

52.1 Rodeábala un ejército de lagartos, salamanquesas, cucarachas, arañas y otras sabandijas.

She was surrounded by an army of lizards, geckos, cockroaches, spiders and other vermin.

53.1 – ¿Cómo te atreves, inmundicia ambulante - exclamó-, a venir a alborotar a mis puertas y a despertarme?

– How dare you, you wandering filth," he exclaimed, "come to fuss at my doors and wake me up?

53.2 ¿Qué quieres? Habla presto.

What do you want? Speak quickly.

54.1 – Señora - dijo el niño-, sabiendo que sólo vos conocéis el camino que lleva al castillo de "Irás y no volverás", vengo a que me lo indiquéis, si os place.

– Madam," said the boy, "knowing that you alone know the way to the castle of "Thou shalt go and not return," I have come to ask you to show me the way, if you please.

55.1 La vieja hizo una mueca, que significaba una sonrisa burlona, y respondió:

The old woman made a grimace, signifying a mocking smile, and replied:

– Bien; pero ahora es tarde; mañana irás; entra,   56.1
– Well; but now it is late; to-morrow you shall go; go in,

y dormirás con estas sabandijas.   56.2
and sleep with these vermin.

– No me puedo detener - repuso el niño-;   57.1
– I can't stop," said the boy;

me precisa ir ahora mismo,   57.2
"I must go at once,

para regresar antes que sea de día al punto de donde   57.3
vengo.
to return before daylight to where I came from.

– ¡Mal perro le muerda y mal gato le arañe al indócil   58.1
rapaz!
– Bad dog bites him and bad cat scratches the unwilling
raptor!

– gruñó rabiosa la vieja-.   58.2
– the old woman snarled angrily.

Si te lo digo - añadió - ha de ser con la condición de   58.3
que me traigas este jarro lleno de "agua de muchos
colores", que brota de la fuente que está en el patio
del castillo;
If I tell you," she added, "it must be on condition that you
bring me this pitcher full of "water of many colors," which
springs from the fountain in the castle courtyard;

y si no me la traes,   58.4
and if you don't bring it to me,

58.5 te convierto en lagartija para toda una eternidad.
I'll turn you into a lizard for eternity.

59.1 – ¡Convenidos! - respondió el niño.
– Agreed! - replied the boy.

60.1 Entonces la vieja llamó a un pobre perro, muy flaco y
muy doliente, que tenía, y le dijo:
Then the old woman called a poor dog, very skinny and
very sore, that she had, and said to him:

61.1 – Ea, ¡upa! Conduce a ese gurrapato al castillo de
– Go on, get up! Drive that gurrapato to the castle of

61.2 "Irás y no volverás",
"You'll go and not come back",

61.3 y cuidado que avises a mi compadre su llegada.
and be careful that you warn my compadre of his arrival.

62.1 El perro gruñó, se sacudió y se puso en camino.
The dog growled, shook himself and started on his way.

63.1 Al cabo de dos horas llegaron frente a un castillote
muy grande, muy negro, muy triste ...cuyas puertas
estaban abiertas de par en par, pero sin que luz ni
ruido alguno indicasen que fuese habitado;
At the end of two hours they arrived in front of a very
large, very black, very sad castle ...whose doors were wide
open, but without any light or noise to indicate that it was
inhabited;

hasta los rayos de la luna, al resbalar sobre aquella masa oscura y sin vida, parecían más pálidos. 63.2
even the rays of the moon, as they slid over that dark and lifeless mass, seemed paler.

El perro se puso a aullar y siguió adelante; 64.1
The dog began to howl and went on;

pero el niño, que no sabía si era o no la hora en que dormía el gigante, se paró y se apoyó temeroso y agitado en el tronco de un embebido y 64.2
but the boy, who did not know whether or not it was the hour when the giant slept, stopped and leaned fearfully and agitated against the trunk of a dense and

"frondío" acebuche, 64.3
"leafy" wild olive tree,

que era el solo árbol que se hallaba en aquella árida y escueta comarca. 64.4
which was the only tree to be found in that arid and sparse region.

– ¡Válgame mi buen Jesús! - clamó el niño. 65.1
– Oh, my good Jesus! - cried the child.

– "¡Cruz! ¡Cruz!" 66.1
– Cross! Cross!"

– le respondió una triste voz entre las ramas del olivo silvestre. 66.2
– answered a sad voice among the branches of the wild olive tree.

67.1 El niño reconoció con alborozo al ermitaño de que
había hecho mención la golondrina,
The boy recognized with joy the hermit mentioned by the
swallow,

67.2 y le dijo en la lengua de los pájaros:
and said to him in the language of the birds:

68.1 – Pobrecito mochuelo, te suplico que me ampares y
que me guíes, puesto que vengo en busca del
– Poor little owl, I beg you to protect me and guide me,
since I come in search of the

68.2 "Pájaro de la Verdad",
"Bird of Truth",

68.3 y antes tengo que llevar a la bruja de la torre
and first I have to bring to the witch of the tower

68.4 "el agua de los muchos colores".
"the water of many colors".

– No hagas eso - contestó el mochuelo-; sino llena el   69.1
jarro del agua clara y pura que brota de un manantial
al pie de la fuente del "agua de muchos colores"; en
seguida entra en la pajarera, que se halla al frente
de la puerta; no escojas ninguno de los pájaros de
vistosos colores que te salgan al encuentro y te
atolondren gritándote todos a la par, que ellos son
el "Pájaro de la Verdad", sino coge a un pajarito
blanco, a quien los otros tienen arrinconado, y a
quien persiguen sin descanso sin poderlo matar,
porque no puede morir.

– Do not do that," replied the little owl; "but fill the pitcher
with the clear, pure water that springs from a spring at
the foot of the fountain of the "water of many colors," and
then go into the aviary, which is opposite the door; do
not choose any of the brightly colored birds that come to
meet you, and stun you, shouting all at once, that they are
the "Bird of Truth," but take a little white bird, whom the
others have cornered, and whom they pursue relentlessly
without being able to kill him, because he cannot die.

Pero ...¡apresúrate!, porque en este instante se acaba   69.2
de quedar dormido el gigante, y su sueño no dura más
que un cuarto de hora.

But ...But hurry, for at this instant the giant has just fallen
asleep, and his sleep lasts but a quarter of an hour.

El niño echó a correr, entró en el patio, donde halló   70.1
la fuente, que tenía muchos caños, por los que vertía
agua de distintos colores;

The boy ran into the courtyard, where he found the
fountain, which had many spouts, through which water
of different colors was pouring;

104

70.2 pero, no los miró, sino que llenó su jarro del manantial de agua clara y pura que brotaba al pie de la fuente, y se encaminó a la pajarera.

but he did not look at them, but filled his pitcher from the spring of clear, pure water that gushed out at the foot of the fountain, and went to the aviary.

70.3 Apenas entró, cuando se vio rodeado de una bandada de pájaros: los unos, cuervos negros; otros, pavos reales; otros, chorlitos, y todos le aseguraban ser ellos el

Scarcely had he entered, when he found himself surrounded by a flock of birds, some of them black crows, others peacocks, others plovers, and all assured him that they were the

70.4 "Pájaro de la Verdad";

"Bird of Truth";

70.5 pero el niño no se dejó embaucar, sino siguió derecho, y descubriendo arrinconado al pájaro blanco a quien buscaba, le tomó, le abrigó en su pecho y se salió, no sin llevar sendos picotazos de los enemigos del

but the boy did not allow himself to be deceived, but went straight on, and finding the white bird he was looking for in a corner, he took him, wrapped him in his bosom, and went out, not without taking a peck at him from the enemies of the

70.6 "Pájaro de la Verdad".

"Bird of Truth".

71.1 El niño se encaminó sin dejar de correr hacia la torre de la bruja.

The child set off, still running, towards the witch's tower.

Cuando hubo llegado, la vieja cogió el jarro y le tiró al niño todo el agua que contenía, creyendo que era la de los muchos colores, y que el niño se convertiría en un loro; 71.2

When he had arrived, the old woman took the jug and threw all the water it contained at the child. believing that it was the water of many colors, and that the child would turn into a parrot;

pero como era agua pura y clara, el niño, al recibirla, se puso mucho más hermoso. 71.3

but as it was pure and clear water, the child. on receiving it, became much more beautiful.

Acudieron en seguida a empaparse en ella todas las sabandijas, que eran las personas que habían ido allí con el mismo intento que había llevado el niño, por lo cual todos los lagartos se volvieron caballeros andantes; las lagartijas, princesas; los grillos, músicos; los cigarrones, danzantes; las chicharras, periodistas; las arañas, doncellas; las curianas, estudiantes; los escarabajos, doctores; los mosquitos, cantantes; las moscas, viudas, y los gorgojos, niños. 71.4

At once all the vermin came to soak themselves in it, who were the people who had gone there with the same intent that the child had brought, whereby all the lizards became knights-errant; the lizards, princesses; the crickets, musicians; the cicadas, dancers; the cicadas, journalists; the spiders, maidens; the curians, students; the beetles, doctors; the mosquitoes, singers; the flies, widows; and the weevils, children.

Cuando la bruja vio aquello, tomó una escoba, se montó en ella y echó a volar. 72.1

When the witch saw this, she took a broom, got on it and flew away.

73.1 **Los desencantados, señoras, señores y niños, dieron gracias a su libertador, y cada cual tiró por su lado.**
The disenchanted, ladies, gentlemen and children, thanked their liberator, and each went his own way.

74.1 **Cuál sería la alegría de su hermana al ver llegar al niño con el**
What would be the joy of his sister on seeing the child arrive with the

74.2 **"Pájaro de la Verdad," fácil es de suponer;**
"Bird of Truth," it is easy to suppose;

74.3 **pero quedaba una cosa muy difícil,**
but there remained one thing very difficult,

74.4 **y era hacer penetrar al "Pájaro de la Verdad"**
and that was to get the "Bird of Truth"

74.5 **hasta el Rey sin que lo impidiesen todos aquellos cortesanos que estaban interesados en que no llegase a saberla ni a descubrir el gran delito que habían cometido.**
to the King without being prevented by all those courtiers who were interested that he should not get to know her or discover the great crime they had committed.

75.1 **Hubo más.**
There was more.

Habiendo cundido por la corte que en ella se
encontraba el "Pájaro de la Verdad", fue tal el susto
que inspiró esta noticia, que pocos eran los que
dormían tranquilos.

75.2

Having spread through the court that the "Bird of Truth"
was there, such was the fright that this news inspired, that
few were those who slept peacefully.

Se prepararon contra él toda clase de armas, a cual
más afiladas, a cual más emponzoñadas;

76.1

All kinds of weapons were prepared against him, each
sharper, each more poisoned;

se proporcionaron halcones para perseguirlo;

76.2

hawks were provided to pursue him;

jaulas, calabozos en que encerrarlo, si matarlo no
lograban;

76.3

cages, dungeons in which to lock him up, if they could not
kill him;

se le difamó diciendo que su blancura era hipócrita
afeite con que encubría su negro plumaje;

76.4

he was defamed saying that his whiteness was hypocritical
affectation with which he covered his black plumage;

se le deprimió y ridiculizó de todas maneras,

76.5

he was depressed and ridiculed in every way,

con talento y sin él.

76.6

with talent and without it.

76.7 Al fin, tanto se habló del "Pájaro de la Verdad", que llegó esta nueva a los oídos del Rey, que se empeñó en verle;

Finally, so much was said about the "Bird of Truth" that this news reached the ears of the King, who insisted on seeing him;

76.8 y por más que las intrigas de la gente de la Corte lo quisieron impedir,

and although the intrigues of the people of the Court tried to prevent it,

76.9 Su Majestad mandó terminantemente que se echase un pregón que hacía saber que aquel que tuviese en su poder al

His Majesty ordered that a proclamation be made that whoever had the

76.10 "Pájaro de la Verdad"

"Bird of Truth"

76.11 le presentase sin detención al Rey.

in his possession should present him to the King without delay.

77.1 El niño, que no deseaba otra cosa, acudió a palacio, llevando en su pecho al "Pájaro de la Verdad";

The boy, who desired nothing else, went to the palace, carrying the "Bird of Truth" on his breast;

77.2 pero como es de suponer, no le quisieron dejar entrar los cortesanos.

but, as is to be expected, the courtiers would not let him enter.

Entonces el pajarito se echó a volar, se entró en las estancias reales por un balcón, se presentó al Rey, y le dijo: 78.1

Then the little bird flew away, entered the royal chambers through a balcony, presented himself to the King, and said to him:

– Señor: yo soy el "Pájaro de la Verdad"; 79.1

– Sir: I am the "Bird of Truth";

al niño que me trae en su pecho, 79.2

the child who carries me in his chest,

no le han querido dejar entrar los cortesanos de V. M. 79.3

the courtiers of Your Majesty have not wanted to let him enter.

El Rey mandó luego que subiese el niño, que lo hizo con su hermanita, a quien había llevado consigo. 80.1

The King then commanded the boy to come up, and he came up with his little sister, whom he had brought with him.

Luego que estuvieron en su presencia, 80.2

When they were in his presence,

les preguntó el Rey quiénes eran. 80.3

the King asked them who they were.

– Que se lo diga a Vuestra Real Majestad el "Pájaro de la Verdad" - contestó el niño. 81.1

– Let the "Bird of Truth" tell Your Royal Majesty, " replied the boy.

82.1 E interrogado este por el Rey, le respondió que aquellos niños eran sus propios hijos, y le relató cuanto había sucedido.

And when he was questioned by the King, he answered that those children were his own sons, and told him what had happened.

83.1 Apenas se enteró el Rey de tan inicua trama, cuando estrechó con lágrimas de gozo, a los niños en sus brazos;

Scarcely had the King learned of such an iniquitous plot, when he clasped the children in his arms with tears of joy;

83.2 mandó venir albañiles, que abrieron el hueco en el que por tantos años había estado emparedada la buena Reina, y del cual salió la pobrecita tan blanca, que parecía una Reina de mármol;

he sent for masons, who opened the hole in which the good Queen had been walled up for so many years, and from which the poor little thing came out so white, that she looked like a marble Queen;

83.3 pero apenas vio a sus hijos,

but scarcely had she seen her children,

83.4 cuando brotó a sus mejillas la sangre de su corazón y se puso más hermosa que nunca lo había estado.

when her heart's blood gushed into her cheeks and she became more beautiful than ever she had been.

83.5 El Rey la abrazó y la sentó en el trono, y a su lado los Príncipes, sus hijos.

The King embraced her and seated her on the throne, and by her side the Princes, her sons.

83.6 Mandó venir al buen pescador,

He sent for the good fisherman,

al que hizo jefe del Ministerio de la Pesca;   83.7

whom he made head of the Ministry of Fisheries;

a la fiel y bondadosa ama se la jubiló, se la sentó en un   83.8
sillón de muelles, con un rosario en una mano y un
abanico en la otra, y se la nombró

the faithful and kind mistress was retired, seated in a
spring chair, with a rosary in one hand and a fan in the
other, and named

"Duquesa de la Huelga."   83.9

"Duchess of the Strike."

Repartiéronse muchas gracias y dones,   83.10

Many graces and gifts were distributed,

y yo fui y vine y no me dieron nada.   83.11

and I came and went and got nothing.

Los deseos

Wishes

1.1 Había un matrimonio anciano, que aunque pobre, toda su vida la había pasado muy bien trabajando y cuidando de su pequeña hacienda.

There was an old married couple, who, though poor, had spent their whole life very well working and caring for their little farm.

1.2 Una noche de invierno estaban sentados marido y mujer a la lumbre de su tranquilo hogar en amor y compaña, y en lugar de dar gracias a Dios por el bien y la paz de que disfrutaban, estaban enumerando los bienes de mayor cuantía que lograban otros, y deseando gozarlos también.

One winter evening they were sitting, husband and wife, by the fire of their quiet home in love and companionship, and instead of thanking God for the good and peace they were enjoying, they were enumerating the greater possessions that others were achieving, and wishing to enjoy them also.

– ¡Si yo en lugar de mi hacecilla - decía el viejo-, que
es de mal terruño y no sirve sino para revolcadero,
tuviese el rancho del tío Polainas!

2.1

– If only I had Uncle Polainas' ranch instead of my little
house," said the old man, "which is a bad piece of land and
is good for nothing but a place to wallow in, I would have
Uncle Polainas' ranch!

– ¡Y si yo - añadía su mujer-, en lugar de esta, que está
en pie porque no le han dado un empujón, tuviese la
casa de nuestra vecina, que está en primera vida!

3.1

– And if I," added his wife, "instead of this one, which is
standing because it hasn't been given a push, I would have
our neighbor's house, which is in the first life!

– ¡Si yo - proseguía el marido-, en lugar de la burra,
que no puede ya ni con unas alforjas llenas de humo,
tuviese el mulo del tío Polainas!

4.1

– If only I," continued the husband, "instead of the donkey,
which can't even carry a saddlebag full of smoke, I had
Uncle Polainas' mule!

– ¡Si yo - añadió la mujer - pudiese matar un puerco de
200 libras como la vecina!

5.1

– If only," added the woman, "I could kill a 200-pound pig
like the woman next door!

Esa gente, para tener las cosas, no tienen sino
desearlas.

5.2

These people, in order to have things, they only have to
wish for them.

¡Quién tuviera la dicha de ver cumplidos sus deseos!

5.3

Who would have the happiness of seeing their desires
fulfilled!

6.1 Apenas hubo dicho estas palabras,

Scarcely had she said these words,

6.2 cuando vieron que bajaba por la chimenea una mujer hermosísima;

when they saw a very beautiful woman coming down the chimney;

6.3 era tan pequeña, que su altura no llegaba a media vara;

she was so small that her height was less than half a rod;

6.4 traía, como una Reina, una corona de oro en la cabeza.

she wore, like a Queen, a crown of gold on her head.

6.5 La túnica y el velo que la cubrían eran diáfanos y formados de blanco humo, y las chispas que alegres se levantaron con un pequeño estallido, como cohetitos de fuego de regocijo, se colocaron sobre ellos, salpicándolos de relumbrantes lentejuelas.

The robe and veil that covered her were diaphanous and formed of white smoke, and the sparks that gaily rose with a little burst, like little rockets of rejoicing fire, were placed upon them, sprinkling them with glittering sequins.

6.6 En la mano traía un cetro chiquito, de oro, que remataba en un carbunclo deslumbrador.

In her hand she held a tiny scepter, of gold, which ended in a dazzling carbuncle.

7.1 – Soy el Hada Fortunata - les dijo-;

– I am the Fairy Fortunata," she said to them;

7.2 pasaba por aquí, y he oído vuestras quejas;

"I was passing by, and I have heard your complaints;

y ya que tanto ansiáis por que se cumplan vuestros
deseos,   7.3
and since you are so anxious to have your wishes fulfilled,

vengo a concederos la realización de tres: uno a ti, "   7.4
I have come to grant you the fulfillment of three: one to
you, "

dijo a la mujer; otro a ti, dijo al marido;   7.5
she said to the wife; another to you, she said to the
husband;

y el tercero ha de ser mutuo,   7.6
and the third must be mutual,

y en él habéis de convenir los dos;   7.7
and you must both agree upon it;

este último lo otorgaré en persona mañana a estas
horas,   7.8
this last I will grant in person to-morrow at this time,

que volveré; hasta allá,   7.9
when I shall return; until then,

tenéis tiempo de pensar cuál ha de ser.   7.10
you have time to think what it is to be.

Dicho que hubo esto, se alzó entre las llamas una
bocanada de humo, en la que la bella Hechicera
desapareció.   8.1
Having said this, a puff of smoke rose from the flames, in
which the beautiful Sorceress disappeared.

9.1 Dejo a la consideración de ustedes la alegría del buen matrimonio, y la cantidad de deseos que como pretendientes a la puerta de un ministro les asediaron a ellos.

I leave to your consideration the joy of the good marriage, and the number of desires that, like suitors at a minister's door, besieged them.

9.2 Fueron tantos, que no acertando a cual atender, determinaron dejar la elección definitiva para la mañana siguiente, y toda la noche para consultarla con la almohada, y se pusieron a hablar de otras cosas indiferentes.

They were so many that, not knowing which one to attend to, they determined to leave the definitive choice for the following morning, and all night to sleep on it, and they began to talk about other indifferent things.

10.1 A poco recayó la conversación sobre sus afortunados vecinos.

Soon the conversation turned to their fortunate neighbors.

11.1 – Hoy estuve allí;

– I was there today;

11.2 estaban haciendo las morcillas - dijo el marido-. ¡Pero qué morcillas! Daba gloria verlas.

they were making black pudding," said the husband, "but what black pudding! It was glorious to see them. .

12.1 – ¡Quién tuviera una de ellas aquí - repuso la mujer - para asarla sobre las brasas y cenárnosla!

– If only I had one of them here," said the woman, "so we could roast it over the coals and eat it for dinner!

Apenas lo había dicho, cuando apareció sobre las brasas la morcilla más hermosa que hubo, hay y habrá en el mundo.

13.1

Hardly had he said it, when the most beautiful blood sausage that there was, is and will be in the world appeared on the embers.

La mujer se quedó mirándola con la boca abierta y los ojos asombrados.

14.1

The wife stared at her with open mouth and astonished eyes.

Pero el marido se levantó desesperado, y dando vueltas al cuarto, se arrancaba el cabello, diciendo:

14.2

But the husband got up in despair, and going around the room, he pulled out his hair, saying:

– Por ti, que eres más golosa y comilona que la tierra, se ha desperdiciado uno de los deseos.

15.1

– For you, who are more greedy and gluttonous than the earth, one of our desires has been wasted.

¡Mire usted, señor, qué mujer esta! ¡Más tonta que un habar!

15.2

Look at her, sir, what a woman she is! Dumber than a beanstalk!

Esto es para desesperarse. ¡Reniego de ti y de la morcilla,

15.3

This is to be despaired of. I refuse you and the black pudding,

y no quisiese más sino que te se pegase a las narices!

15.4

and I'd like nothing more than for it to stick to your nostrils!

16.1 **No bien lo hubo dicho,**
No sooner had he said it,

16.2 **cuando ya estaba la morcilla colgando del sitio indicado.**
when the blood sausage was already hanging from the indicated place.

17.1 **Ahora toca el asombrarse al viejo,**
Now it is the old man's turn to wonder,

17.2 **y desesperarse a la vieja.**
and the old woman's turn to despair.

18.1 **- ¡Te luciste, mal hablado!**
You've excelled yourself, you foul-mouthed fool!

18.2 **– exclamaba esta,**
– she exclaimed,

18.3 **haciendo inútiles esfuerzos por arrancarse el apéndice de las narices-.**
making useless efforts to tear the appendage from her nostrils.

18.4 **Si yo empleé mal mi deseo, al menos fue en perjuicio propio, y no en perjuicio ajeno;**
If I misused my desire, at least it was to my own disadvantage, and not to the disadvantage of others;

18.5 **pero en el pecado llevas la penitencia, pues nada deseo, ni nada desearé sino que se me quite la morcilla de las narices.**
but you have your penance in sin, for I desire nothing, and will desire nothing, but to have the black pudding removed from my nostrils.

– ¡Mujer, por Dios! ¿Y el rancho?   19.1
– Woman, for God's sake! What about the ranch?

– Nada.   20.1
– Nothing.

– ¡Mujer, por Dios! ¿Y la casa?   21.1
– Woman, for God's sake! What about the house?

– Nada.   22.1
– Nothing.

– Desearemos una mina, hija, y te haré una funda de   23.1
oro para la morcilla.
– We'll desire a mine, daughter, and I'll make you a gold
case for the black pudding.

– Ni que lo pienses.   24.1
– Don't even think about it.

– Pues qué, ¿nos vamos a quedar como estábamos?   25.1
– So what, are we going to stay as we were?

– Este es todo mi deseo.   26.1
– This is all I want.

27.1 Por más que siguió rogando el marido, nada alcanzó de su mujer, que estaba por momentos más desesperada con su doble nariz, y apartando a duras penas al perro y al gato, que se querían abalanzar a ella.

No matter how much the husband kept begging, nothing came from his wife, who was getting more desperate by the minute with her double nose, and barely pushing away the dog and the cat, who wanted to pounce on her.

28.1 Cuando a la noche siguiente apareció el hada y le dijeron cuál era su último deseo,

When the next night the fairy appeared and they told her what her last wish was,

28.2 les dijo:

she told them:

29.1 – Ya veis cuán ciegos y necios son los hombres,

– You see how blind and foolish men are,

29.2 creyendo que la satisfacción de sus deseos les ha de hacer felices.

believing that the satisfaction of their desires will make them happy.

30.1 No está la felicidad en el cumplimiento de los deseos,

Happiness does not lie in the fulfillment of desires,

30.2 sino que está en no tenerlos; que rico es el que posee,

but in not having them; for he who possesses is rich,

30.3 pero feliz el que nada desea.

but he who desires nothing is happy.

El pícaro pajarillo

The Mischievous Birdie

1.1 Había vez y vez un pajarito, que se fue a un sastre, y le mandó que le hiciese un vestidito de lana.

Once upon a time a little bird went to a tailor and asked him to make her a little woolen dress.

1.2 El sastre le tomó la medida,

The tailor took his measure,

1.3 y le dijo que a los tres días le tendría acabado.

and told him that in three days he would have it finished.

1.4 Fue en seguida a un sombrero, y le mandó hacer un sombrerito, y sucedió lo mismo que con el sastre;

He went next to a hat, and had a little hat made for him, and the same thing happened as with the tailor;

1.5 y por último, fue a un zapatero, y el zapatero le tomó medida, y le dijo, como los otros, que volviese por ellos al tercer día.

and lastly, he went to a shoemaker, and the shoemaker measured him, and told him, like the others, to come back for them on the third day.

Cuando llegó el plazo señalado se fue al sastre, que tenía el vestidito de lana acabado, y le dijo:
1.6

When the appointed time came, he went to the tailor, who had the little woolen dress finished, and said to him:

– Póngamelo usted sobre el piquito y le pagaré.
2.1

– You put it on the piquito and I'll pay you.

Así lo hizo el sastre;
3.1

So did the tailor;

pero en lugar de pagarle, el picarillo se echó a volar, y lo propio sucedió con el sombrerero y con el zapatero.
3.2

but instead of paying him, the rascal flew away, and so did the hatter and the shoemaker.

Vistiose el pajarito con su ropa nueva y se fue al jardín del Rey;
4.1

The little bird dressed himself in his new clothes and went to the King's garden;

se posó sobre un árbol que había delante del balcón del comedor,
4.2

he perched on a tree in front of the dining room balcony,

y se puso a cantar mientras el Rey comía:
4.3

and began to sing while the King was eating:

Y tanto cantó y recantó lo mismo, que su Real Majestad se enfadó, y mandó que le cogiesen y se le trajesen frito.
5.1

And he sang and chanted the same thing so much that his Royal Majesty became angry and ordered him to be taken and brought back fried.

5.2 **Así sucedió.**

And so it happened.

5.3 **Después de desplumado y frito, se quedó tan chico, que el Rey se lo tragó enterito.**

After it was plucked and fried, it was so small that the King swallowed it whole.

6.1 **Cuando se vio el pajarito en el estómago del Rey, que parecía una cueva más oscura que media noche, empezó sin parar a dar sendos picotazos a derecha e izquierda.**

When the little bird came into view in the King's stomach, which looked like a cave darker than midnight, it began to peck left and right without stopping.

7.1 **El Rey se puso a quejarse, y a decir que le había sentado mal la comida, y que le dolía el estómago.**

The King began to complain, and to say that the food was bad for him, and that his stomach hurt.

8.1 **Vinieron los médicos, y le dieron a su Real Majestad un menjunge de la botica para que vomitase;**

The doctors came and gave his Royal Majesty some medicine from the apothecary's shop to make him vomit;

8.2 **y conforme empezó a vomitar, lo primero que salió fue el pajarito, que se voló más súbito que una exhalación.**

and as he began to vomit, the first thing that came out was the little bird, which flew away more suddenly than an exhalation.

Fue y se zambulló en la fuente, y enseguida se fue a
una carpintería, y se untó toldo el cuerpo de cola;

8.3

He went and dived into the fountain, and immediately went
to a carpenter's shop, and smeared glue all over his body;

fuese después a todos los pájaros, y les contó lo que le
había pasado, y les pidió a cada uno una plumita, y se
la iban dando;

8.4

then he went to all the birds, and told them what had
happened to him, and asked each one for a feather, and
they gave it to him;

y como estaba untado de cola, se le iban pegando.

8.5

and as he was smeared with glue, they stuck to him.

Como cada pluma era de su color, se quedó el pajarito
más bonito que antes, con tantos colores como un
ramillete.

8.6

As each feather was of its own color, the bird became more
beautiful than before, with as many colors as a bouquet.

Entonces se puso a dar volteos por el árbol que estaba
delante del balcón del Rey,

8.7

Then he began to turn round and round the tree in front of
the King's balcony,

cantando que se las pelaba:

8.8

singing his head off:

El Rey dijo:

9.1

The King said:

– ¡Que cojan a ese pícaro pajarito!

10.1

– Let them catch that naughty little bird!

126

11.1 Pero él, que estaba sobre aviso, echó a volar que bebía los vientos, y no paró hasta posarse sobre las narices de la Luna.

But he, who was on the alert, took to the air and did not stop until he landed on the nose of the moon.

El Carlanco

1.1 Era vez y vez una cabra, muy mujer de bien, que tenía tres chivitas que había criado muy bien, y metiditas en su casa.

It was time and again a goat, a very well-to-do woman, who had three little goats that she had raised very well, and she kept them in her house.

2.1 En una ocasión en que iban por los montes vio a una avispa que se estaba ahogando en un arroyo;

On one occasion when they were going through the mountains he saw a wasp drowning in a stream;

2.2 le alargó una rama,

he held out a branch to it,

2.3 y la avispa se subió en ella y se salvó:

and the wasp climbed on it and was saved:

3.1 – ¡Dios te lo pague, que has hecho una buena obra de caridad!

– God repay you, you have done a good deed of charity!

– le dijo la avispa a la cabra-.   3.2

– said the wasp to the goat.

Si alguna vez me necesitas, ve a aquel paredón   3.3
derrumbado, que allí está mi convento.

If you ever need me, go to that collapsed wall, that's where
my convent is.

Tiene este muchas celditas que no están enjalbegadas,   3.4
porque la comunidad es muy pobre, y no tiene para
comprar la cal.

It has many little cells that are not whitewashed, because
the community is very poor, and cannot afford to buy lime.

Pregunta por la madre abadesa, que esa soy yo, y al   3.5
punto saldré y te servir de muy buen agrado en lo que
me ocupes.

Ask for the mother abbess, that's me, and I'll come out at
once and serve you with great pleasure in whatever you
need me for.

Dicho lo cual echó a volar cantando maitines.   4.1

Then he flew off singing matins.

Pocos días después les dijo una mañana temprano la   5.1
cabra a sus chivitas:

A few days later, the goat told her kids early one morning:

– Voy al monte por una carguita de leña.   6.1

– I'm going to the mountain to get a load of firewood.

Vosotras encerraos, atrancad bien la puerta, y   6.2
cuidado con no abrir a nadie, porque anda por aquí el
Carlanco.

Lock yourselves in, bar the door well, and be careful not to
open it to anyone, because Carlanco is around here.

6.3 Sólo abriréis cuando yo os diga:
You will only open the door when I tell you to:

7.1 Las chivitas, que eran muy bien mandadas, lo hicieron todo como se lo había encargado su madre.
The young goats, who were very well behaved, did everything as their mother had instructed them to do.

8.1 Y cate usted ahí que llaman a la puerta, y que oyen una voz como la de un becerro, que dice:
And cate you there that they knock at the door, and they hear a voice like the voice of a calf, which says:

9.1 Las cabritas, que tenían su puerta muy bien atrancada, le respondieron desde dentro:
The little goats, who had their door very well barricaded, answered him from the inside:

10.1 – ¡Ábrela, guapo!
– Open it, handsome!

11.1 Y como no pudo, se fue hecho un veneno, y prometiéndoles que se la habían de pagar.
And when he could not, he went away a poison, promising to pay them back.

12.1 A la mañana siguiente fue y se escondió, y oyó lo que la madre les dijo a las chivitas, que fue lo propio del día antes.
The next morning he went and hid, and heard what the mother said to the goats, which was the same as the day before.

A la tarde se vino muy dequedito, y remedando la voz 12.2
de la cabra, se puso a decir:

In the afternoon he came very dequedito, and imitating the
voice of the goat, he began to say:

Las chivitas, que creyeron que era su madre, fueron 13.1
y abrieron la puerta, y vieron que era el mismísimo
Carlanco en propia persona.

The young goats, who thought it was their mother, went
and opened the door, and saw that it was Carlanco himself.

Echáronse a correr, y se subieron por una escalera 14.1
al sobrado, y la tiraron tras sí; de manera que el
Carlanco no pudo subir.

They ran away, and climbed up a ladder to the roof, and
threw it behind them, so that the Carlanco could not
climb up.

Este, enrabiado, cerró la puerta, y se puso a dar 14.2
vueltas por la estancia, pegando unos bufidos y dando
unos resoplidos que a las pobres cabritas se les helaba
la sangre en las venas.

The latter, enraged, closed the door, and began to walk
around the room, snorting and snorting in such a way that
the poor little goats' blood ran cold in their veins.

Llegó en esto su madre, que les dijo: 15.1

At this came their mother, who said to them:

Ellas, desde su sobrado, le gritaron que no podían, 16.1
porque estaba allí el Carlanco.

They, from their sobrado, shouted that they could not,
because Carlanco was there.

17.1 Entonces la cabrita soltó su carguita de leña, y como las cabras son tan ligeras, se puso mas pronto que la luz en el convento de las avispas, y llamó:

Then the little goat let go his load of firewood, and as goats are so light, he was quicker than the light in the convent of wasps, and called:

18.1 – ¿Quién es? - pregunto la tornera.

– Who is it? - asked the turner.

19.1 – Madre, soy una cabrita, para servir a usted.

– Mother, I am a little goat, to serve you.

20.1 – ¿Una cabrita aquí,

– A little goat here,

20.2 en este convento de avispas descalzas y recoletas? ¡Vaya,

in this convent of barefoot and recollected wasps? Well,

20.3 ni por pienso!

I wouldn't dream of it!

20.4 Pasa tu camino y Dios te ayude - dijo la tornera.

"Go on your way, and God help you", said the turner.

21.1 – Llame usted a la madre abadesa, que traigo prisa - dijo la cabrita-; si no voy por el abejaruco, que le vi al venir por acá.

– Call the mother abbess, I'm in a hurry," said the little goat, "or else I'll get the bee-eater, which I saw on my way here.

La tornera se asustó con la amenaza, y avisó a la 22.1
madre abadesa, que vino, y la cabrita le contó lo que
pasaba.
The turner was frightened by the threat, and told the
mother abbess, who came, and the little goat told her what
was happening.

– Voy a socorrerte, cabrita de buen corazón - le dijo-. 23.1
– I'm coming to help you, my good-hearted goat," he said.

Vamos a tu casa. 23.2
Let's go to your house.

Cuando llegaron, se coló la avispa por el agujero de la 24.1
llave, y se puso a picar al Carlanco, ya en los ojos, ya
en las narices, de manera que lo desatentó y echó a
correr que echaba incendios;
When they arrived, the wasp slipped through the hole in
the key, and began to sting the White-faced Man, either in
the eyes or in the nostrils, so that he untied him and began
to run like a fire;

y yo 24.2
and I

Otra versión del Carlanco

Another version of the Carlanco

1.1 Había tres ovejitas que se reunieron para labrarse una casita;
There were three little sheep who got together to build themselves a little house;

1.2 hiciéronlo así con muchas ramitas y yerbecitas, y después de concluida, la mayor se metió en ella, atrancó la puerta y dejó a las otras fuera;
they did so with many twigs and grasses, and when they had finished, the eldest got into it, locked the door and left the others outside;

1.3 las otras no tuvieron más remedio que labrarse otra, y concluida que fue, la mayor de las dos se metió dentro, cerró la puerta y dejó a la más chica fuera, sola y abandonada.
the others had no choice but to build themselves another, and when they had finished, the eldest of the two got inside, locked the door and left the youngest outside, alone and abandoned.

Echose esta a llorar, cuando acertó a pasar un albañil,   1.4
y le preguntó que qué tenía, y la ovejita se lo contó.
The latter began to cry, when a bricklayer happened to pass
by, and asked her what she had, and the little sheep told
him.

Entonces el albañil le labró una casa muy buena,   1.5
Then the bricklayer built her a very good house,

con sus paredes de cantos y su techo de teja;   1.6
with its walls of pebbles and its roof of tiles;

además, revistió la puerta y toda la casa de púas de   1.7
hierro, por si venía el Carlanco que se clavase en
ellas.
besides, he covered the door and the whole house with iron
spikes, in case the Carlanco came and dug into them.

Vino el Carlanco, y llegando a la casita de la oveja   2.1
mayor, dijo:
Carlanco came, and arriving at the little house of the eldest
sheep, he said:

Entonces echó la puerta, que era de ramas, abajo, y se   3.1
la comió, y lo mismo sucedió con la segunda;
Then he cast down the door, which was of boughs, and ate
it, and so did the second;

pero cuando llegó a la casa de la tercera dijo: 3.2
but when he came to the house of the third he said:

Entonces se echó con tanta furia contra la puerta, que   4.1
se clavó todas las púas y se quedó muerto.
Then he threw himself so furiously against the door that all
the barbs were stuck in him and he was dead.

Benibaire

1.1 Había una vez tres cabritas muy pobrecitas,
Once upon a time there were three very poor little goats,

1.2 y la mayor dijo:
and the eldest said:

2.1 – ¿Qué haremos?
– What shall we do?

3.1 La segunda contestó:
The second replied:

4.1 – No lo sé.
– I don't know.

5.1 Y la tercera dijo:
And the third said:

6.1 – Yo sí que lo sé. Vamos a casa de Benibaire,
– I do know. Let's go to Benibaire's house,

y hurtaremos tres cantaritos de aceite.   6.2

and we'll steal three canteens of oil.

– Bien lo has pensado - contestaron las otras-.   7.1

– You've thought it through," the others replied.

Vamos allá.   7.2

Let's go there.

Después de andar una legua, sintieron una voz que   8.1
decía:

After walking for a league, they heard a voice saying:

– Be, be.   9.1

– Be, be.

Vieron un gran carnero; se asustaron y echaron a   10.1
huir.

They saw a large ram; they were frightened and fled.

Pero el carnero les gritó: 11.1

But the ram shouted at them:

– No os asustéis. ¿Adónde vais?   12.1

– Don't be afraid. Where are you going?

Ellas le contestaron: 13.1

They replied:

– A casa de Benibaire a hurtar tres cantaritos de   14.1
aceite.

– To Benibaire's house to steal three little oil jugs.

15.1 – ¿Queréis que vaya? - dijo el carnero.
– Do you want me to go? - said the ram.

16.1 Le respondieron:
They replied:

17.1 – Ven.
– Come.

18.1 Anduvieron otra legua, y oyeron una voz que dijo:
They walked another league, and heard a voice say:

19.1 – Miau, miau.
– Meow, meow.

20.1 Y vieron un gato negro muy grande;
And they saw a very large black cat;

20.2 se asustaron y echaron a huir, diciendo:
they were frightened and fled, saying:

21.1 Pero el gato les gritó:
But the cat yelled at them:

22.1 – No os asustéis; no os arañaré. ¿Adónde vais?
– Don't be afraid; I won't scratch you. Where are you going?

23.1 – A casa de Benibaire a hurtar tres cantaritos de aceite.
– To Benibaire's house to steal three little oil jugs.

– ¿Queréis que vaya? 24.1
– Do you want me to come?

– Ven. 25.1
– Come.

Anduvieron otra legua, y oyeron una voz que gritaba: 26.1
They walked another league, and heard a voice crying out:

– Kikirikí… 27.1
– Kikiriki…

Y vieron a un gallo muy fiero; 28.1
And they saw a very fierce rooster;

se asustaron y echaron a correr, diciendo: 28.2
and they were afraid and ran away, saying:

Díjoles el gallo: 29.1
Said the rooster:

– No os asustéis; no os picaré. ¿Dónde vais? 30.1
– Don't be afraid; I won't sting you. Where are you going?

– En casa de Benibaire a hurtar tres cantaritos de 31.1
aceite.
– In Benibaire's house to steal three little oil jugs.

– ¿Queréis que vaya? 32.1
– Do you want me to come?

33.1 **– Ven.**
– Come.

34.1 **Anduvieron otra legua, y se encontraron un montón de estiércol;**
They walked another league, and came upon a heap of dung;

34.2 **se asustaron y echaron a huir, diciendo:**
they were frightened and fled, saying:

35.1 **Dijo el estiércol:**
Dung said:

36.1 **– No tengáis miedo; no os ensuciaré. ¿Adónde vais?**
– Don't be afraid; I won't dirty you. Where are you going?

37.1 **– En casa de Benibaire a hurtar tres cantaritos de aceite.**
– In Benibaire's house to steal three little oil jugs.

38.1 **– ¿Queréis que vaya?**
– Do you want me to come?

39.1 **– Ven.**
– Come.

40.1 **Anduvieron otra legua, y se encontraron una aguja capotera;**
They walked another league, and found a capotera needle;

40.2 **se asustaron, y dijeron:**
they were frightened, and said:

Dijo la aguja: 41.1
Said the needle:

– No tengáis miedo, que no os pincharé. ¿Dónde vais? 42.1
– Don't be afraid, I won't prick you. Where are you going?

– A casa de Benibaire a hurtar tres cantaritos de aceite. 43.1
– To Benibaire's house to steal three little oil jugs.

– ¿Queréis que vaya? 44.1
– Do you want me to come?

– Ven. 45.1
– Come.

Anduvieron otra legua, y llegaron a casa de Benibaire, y como era de noche, estaba la puerta cerrada. 46.1
They walked another league, and arrived at Benibaire's house, and as it was night, the door was locked.

– ¿Cómo entraremos? - dijeron las cabritas. 47.1
– How do we get in? - said the little goats.

A lo que contestó el gallo: 48.1
To which the rooster replied:

– Yo, gallo galloso, volaré, y volaré al tejado, y me entraré por la chimenea. 49.1
– I, cocky rooster, will fly, and I will fly to the roof, and I will enter through the chimney.

50.1 **Y así lo hizo, y les abrió la puerta.**
And so he did, and opened the door for them.

51.1 **Entraron en la casa, y dijeron:**
They entered the house, and said:

52.1 **– ¿Dónde nos esconderemos?**
– Where will we hide?

53.1 **El gallo dijo:**
The rooster said:

54.1 **– Yo ya tengo puesto; me iré al humero.**
– I've already got a job; I'll go to the flue.

55.1 **El gato se escondió en la ceniza; el estiércol en las pajuelas;**
The cat hid in the ash; the dung in the straws;

55.2 **la aguja se metió en la toalla,**
the needle went into the towel,

55.3 **y el carnero se metió detrás de la puerta.**
and the ram went behind the door.

55.4 **Entonces se fueron las cabritas a las tinajas a sacar el aceite.**
Then the little goats went to the jars to draw the oil.

56.1 **Estando sacándolo se les cayó el embudo, y se despertó Benibaire, que dijo:**
While they were taking it out, the funnel fell, and Benibaire woke up and said:

– ¡Ay, Señor! ¡Ladrones han entrado en mi casa! 57.1
– Oh, Lord, thieves have entered my house!

Se levantó y fue al humero, 58.1
He got up and went to the smokehouse,

y miró por el cañón de la chimenea a ver si era de día. 58.2
and looked down the chimney pipe to see if it was daylight.

Estando mirando le cayó en los ojos una porquería 58.3
que el gallo le echó,
While he was looking he got some filth that the rooster
threw in his eyes,

y se quedó ciego; 58.4
and he was blinded;

fue a tientas a buscar las pajuelas para encender, y 58.5
como el estiércol estaba entre ellas, se ensució todas
las manos.
he groped for the straws to light, and as the dung was
among them, he got all his hands dirty.

– ¡Ay, Señor! - dijo-. ¡Qué manos tengo tan sucias! 59.1
– Oh, Lord! - He said-. What dirty hands I have!

Y fue a buscar la toalla para limpiarse, y como estaba 60.1
clavada en ella la aguja capotera, se la clavó;
And he went to look for the towel to clean himself, and as
the capotera needle was stuck in it, he stuck it in;

fue a encender luz en el ojo del gato, 60.2
he went to shine a light in the cat's eye,

y este se abalanzó y le arañó todo; 60.3
and the cat pounced and scratched him all over;

60.4 fue huyendo para salir a la calle, y cuando llegó a la puerta salió el carnero y le dio una topada por detrás que le echó a rodar;

he ran away to go out into the street, and when he got to the door, the ram came out and hit him from behind and rolled him over;

60.5 se fue al molino huyendo, se cayó en el río y se ahogó, y las cabritas se quedaron hechas amas de la casa, y lo pasaron muy bien, y yo fui y vine y no me dieron nada, sino unos zapatitos de cobre, otros de cristal, otros de azúcar y otros de cordobán;

He ran away to the mill, fell into the river and drowned, and the little goats became housewives, and had a great time, and I came and went and got nothing, but some little copper shoes, some glass ones, some sugar ones, and some cordovan ones;

60.6 estos me los puse, los de cristal se me rompieron, los de azúcar me los comí, y los de cobre son para ti.

these I wore, the glass ones broke, the sugar ones I ate, and the copper ones are for you.

La zorra y la vejeta

The Fox and the Old Woman

1.1 Habíase un a Zorra y una Vejeta, que eran muy amigas.

There was a Zorra and a Vejeta, who were very close friends.

2.1 La Vejeta, que, como se sabe, es un pájaro muy honrado, y buscavida sin ser ladrón, le dijo a la Zorra:

The Vejeta, who, as is well known, is a very honest bird, and a go-getter without being a thief, said to the Fox:

3.1 – Comadre Zorra, ahí tengo una hacecilla de tierra, y si usted quisiera, la sembraríamos a parcería.

– I have a small piece of land there, and if you would like, we could plant it in partnership.

4.1 – Sí que me place - contestó la Zorra.

– Yes, it pleases me," answered the Fox.

– Pues ya es preciso ararla, pues el tiempo se nos viene encima - dijo la Vejeta.

5.1

– Well, it must be plowed, for time is running out," said the Vejeta.

– Bien está - repuso la Zorra.

6.1

– That's fine," said the Fox.

Poco después le volvió a decir la Vejeta:

7.1

Shortly thereafter the Vejeta told him again:

– Es preciso sembrar.

8.1

– It is necessary to sow.

– Corra usted con eso, que yo salgo a todo - contestó la Zorra.

9.1

– You run with it, I'll go out for anything," answered the Fox.

Pasados unos meses le dijo la Vejeta a la Zorra:

10.1

After a few months the Vejeta said to the Fox:

– Comadre, la yerba se está comiendo al trigo.

11.1

– Mother, the weeds are eating the wheat.

Es preciso escardar el pegujal.

11.2

It is necessary to weed the pegujal.

– Bien está - contestó la Zorra-. Corra usted con eso,

12.1

– That's fine," answered the Fox. You run with it,

que yo salgo a todo.

12.2

I'll go out and do everything.

13.1 **Pasado otro poco de tiempo,**
After another little while,

13.2 **la volvió a decir la Vejeta a la Zorra:**
the Vejeta said it again to the Fox:

14.1 **– Comadre, el trigo está en sazón, y es preciso segarlo.**
– The wheat is ripe, and it must be harvested.

15.1 **– En buena hora sea - contestó la Zorra-.**
– Good riddance," answered the Fox.

15.2 **Corra usted con eso, que yo salgo a todo.**
You run with that, I'm going out to do everything.

16.1 **La Vejeta, por bonachona que fuese, empezó a entrar en desconfianza, y le contó a un galgo, amigo suyo, lo que le pasaba.**
The Vejeta, as good-natured as she was, began to become suspicious, and told a greyhound, a friend of hers, what was happening to her.

17.1 **El galgo, que era listo, estuvo al punto al cabo de que la Zorra le iba a jugar una de sus pasadas a la bonachona de la Vejeta, y le dijo:**
The greyhound, who was smart, was about to play one of his tricks on the good-natured Vejeta, and said to her:

18.1 **– Siegue usted el trigo, métalo en la era y escóndame usted a mí en una gavilla, sin dejar más descubierto que un ojo, para que pueda ver lo que pase.**
– You harvest the wheat, put it in the threshing floor and hide me in a sheaf, leaving only one eye uncovered, so that I can see what happens.

La Vejeta hizo todo como se lo había encargado el galgo, y a poco llegó la Zorra, que al ver la era y el hermoso trigo ya trillado se puso muy contenta, dando, vueltas y cantando: 19.1

The Vejeta did everything as the greyhound had told her to do, and soon the Fox arrived, and when she saw the threshing floor and the beautiful wheat already threshed, she was very happy, walking around and singing:

Habiéndose en esto acercado a la gavilla en que estaba escondido el galgo, al ver entre la paja el ojo que tenía descubierto, dijo: 20.1

Having at this point approached the sheaf in which the greyhound was hidden, when he saw among the straw the eye he had uncovered, he said:

– ¡Ay, qué uva! 21.1

– Oh, what a grape!

– Pero no está madura - respondió el galgo, saltando afuera de su escondite, y mató a la Zorra. 22.1

– But it is not ripe," answered the greyhound, jumping out of his hiding place, and killed the Fox.

El gallo y el pato

The Rooster and the Duck

1.1 Reinaba un gallo en un corral.

A rooster reigned in a barnyard.

1.2 Hízose amigo suyo un pato, que tenía buena pluma,
había navegado y patullado en la fuente del saber;

He befriended a duck, who had a good feather, had sailed
and patrolled in the fountain of knowledge;

1.3 su andar no era garboso, pero firme;

his gait was not graceful, but firm;

1.4 su voz no era melodiosa, pero grave y sostenida.

his voice was not melodious, but deep and sustained.

1.5 Este le aconsejó a su amigo el gallo que se cortase la
cresta, que era chocante, y los espolones, que eran
inútiles.

He advised his friend the rooster to cut off his crest, which
was shocking, and his dewclaws, which were useless.

El gallo condescendió, y se fue a dar un paseo con su amigo. 1.6

The rooster condescended, and went for a walk with his friend.

Este, que era muy confiado, dejó la puerta del corral abierta. 2.1

This one, who was very trusting, left the door of the corral open.

Cuando volvieron fue el gallo a su hogar a encender, y vio en él dos luces. 2.2

When they returned, the rooster went to his house to light it, and saw two lights in it.

– ¡Qué luces tan raras son estas! - dijo el gallo. 3.1

– What strange lights these are! - said the rooster.

Y acercándose vio que eran los ojos de un gato que se le abalanzó. 4.1

And coming closer he saw that they were the eyes of a cat that pounced on him.

Pusiéronse a pelear. 5.1

They began to fight.

El pato, que esto veía, no paraba de repetir: 6.1

The duck, who saw this, kept repeating:

– Paz, caballeros; paz, paz, caballeros; 7.1

– Peace, gentlemen; peace, peace, gentlemen;

paz, paz, paz, paz. 7.2

peace, peace, peace, peace, peace, peace.

La joroba
The Hump

1.1 Había una vez un Rey que tenía una hija única que deseaba mucho casar para tener herederos de su reino;
Once upon a time there was a King who had an only daughter whom he wished very much to marry in order to have heirs to his kingdom;

1.2 pero la niña, que había sido mimada, era voluntariosa, y no quería casarse;
but the girl, who had been spoiled, was willful, and did not want to marry;

1.3 si su padre no lo hubiera querido, habría rabiado por casarse.
if her father had not wanted it, she would have raged to marry.

2.1 Un día que salió a misa se encontró a un pordiosero, tan viejo, jorobado, feo y porfiado, que le empachó y no le quiso dar limosna.
One day when she went out to mass, she met a beggar, so old, hunchbacked, ugly and stubborn, that he got sick and refused to give her alms.

El pobre para vengarse, le tiró un piojo; 2.2

The poor man, to take revenge, threw a louse at him;

la Princesa, que nunca había visto tan asquerosa 2.3
sabandija, se lo llevó a palacio, lo metió en una
redoma y lo crió con sopitas de leche, con lo que se
puso tan gordo que no cabía en la redoma.

the Princess, who had never seen such disgusting vermin,
took him to the palace, put him in a vial and raised him on
milk soup, so that he became so fat that he could not fit in
the vial.

Entonces la Princesa lo mandó matar, curtir su piel, 2.4
y con esta que le hiciesen una pandereta y ponerla el
aro de hinojo.

Then the Princess ordered him to be killed, his skin tanned,
and with it they made him a tambourine and put the fennel
ring on it.

Un día en que su padre la volvía a instar a que se 3.1
casase,

One day when her father again urged her to marry,

le respondió que se casaría con aquel que le acertase 3.2
de qué era hecha su pandereta.

she replied that she would marry the one who could tell her
what her tambourine was made of.

– Bien, sea - dijo el padre-; 4.1

– Well, let it be," said the father;

pero a fe de Rey y de cristiano viejo, que te has de 4.2
casar con el que lo acertase, sea quien sea.

"but as a King and an old Christian, you must marry
whoever is right, whoever he may be.

154

5.1 Cundida que fue la voz de que la Princesa se casaría con el que acertase de qué era hecha su pandereta, vinieron de las cuatro partes del mundo Reyes, Príncipes, Duques, Marqueses, Condes y caballeros muy bien portados, y todos, por su escalafón, fueron viendo la pandereta, y ninguno acertó de qué estaba hecha.

The word spread that the Princess would marry whoever guessed what her tambourine was made of, and from the four parts of the world came Kings, Princes, Dukes, Marquises, Counts and very well behaved gentlemen, and all of them, according to their rank, saw the tambourine, and none of them guessed what it was made of.

5.2 Lo más extraño era que cuando se tocaba,

The strangest thing was that when it was played,

5.3 el sonido que daba semejaba todo al que usan los pobres para pedir una limosnita por Dios.

the sound it made resembled everything that the poor use to ask for alms for God.

5.4 Entonces dispuso el Rey que acudiese todo el que quisiese a ver si acertaba de qué era hecha aquella pandereta.

Then the King ordered that anyone who wanted to come and see if they could guess what the tambourine was made of.

6.1 Era el caso que entre los Príncipes había venido uno muy hermoso, del que se había prendado la hija del Rey, y estando esta en el balcón, le vio pasar y le gritó:

It was the case that among the Princes there had come a very handsome one, with whom the King's daughter had fallen in love, and while she was on the balcony, she saw him pass by and cried out to him:

155

Pero el Príncipe no oyó sus voces, y quien las oyó fue   7.1
el horroroso jorobado, a quien ella había negado la
limosna.
But the Prince did not hear her voices, and who heard them
was the hideous hunchback, to whom she had refused
alms.

Comprendió el viejo, que era muy ladino, lo que las   7.2
palabras que había dicho la Princesa al hermoso
Príncipe significaban, y entrándose en seguida en
palacio, dijo que venía a acertar de lo que era hecha la
pandereta de la hija del Rey;
The old man, who was very crafty, understood what the
words that the Princess had said to the beautiful Prince
meant, and entering at once into the palace, said that he
had come to find out what the tambourine of the King's
daughter was made of;

y apenas se la presentaron, cuando dijo: 7.3
and scarcely had she been presented to him, when he said:

¡Amigo! Como que acertó, no hubo escape.   8.1
Dude! As he guessed right, there was no escape.

Y la Princesa, que quiso que no, fue entregada por   8.2
su padre al asqueroso mendigo, que había ganado el
premio que ella había puesto al adivinador.
And the Princess, who wished she hadn't, was handed over
by her father to the filthy beggar, who had won the prize
she had put to the fortune-teller.

– Vete ahora mismo con tu marido - le dijo el Rey-, y   9.1
no te vuelvas a acordar en tu vida que tienes padre.
– Go now to your husband," the King told her, "and never
again remember that you have a father.

156

10.1 Fuese avergonzada y llorosa la Princesa con su jorobado, y andando y más andando llegaron a un río, que tenían que vadear.

The Princess and her hunchback were ashamed and weeping, and walking on and on they came to a river, which they had to ford.

11.1 – Tómame a cuestas y pásame el río, que para eso eres mi mujer - le dijo el viejo.

– Take me on your back and pass me the river, that's why you are my wife," said the old man.

12.1 La Princesa hizo lo que le mandaba su marido;

The Princess did as her husband commanded;

12.2 pero cuando estuvo en medio de la corriente, empezó a sacudirse para que se cayese el pordiosero al río, y este se fue cayendo a pedazos;

but when she was in the middle of the stream, she began to shake the beggar so that he would fall into the river, and he fell to pieces;

12.3 primero la cabeza, después los brazos y piernas;

first his head, then his arms and legs;

12.4 en fin, todo menos la joroba, que se le quedó a la Princesa pegada a la espalda como con cola.

in short, everything except his hump, which stuck to the Princess's back as if it had a tail.

Pasado que hubo el río, preguntó por su camino, y se   13.1
encontró con que su joroba iba remedando su voz y
repitiendo cuanto decía, como si en lugar de joroba
hubiese llevado a la espalda una peña con un eco.

After she had passed the river, she asked her way, and
found that her hump was imitating her voice and repeating
what she said, as if instead of a hump she had carried a rock
with an echo on her back.

Las gentes, unas se reían, y otras se enfadaban,   13.2
pensando que hacía burla de ellas; de manera
que no le quedó más remedio que fingirse muda;
así, alargando la mano para pedir limosna, fue
caminando hasta que llegó a una ciudad que acertó a
ser la tierra de aquel Príncipe de quien ella se había
prendado tanto.

The people, some laughed, and others were angry, thinking
that she was making fun of them, so that she had no
choice but to pretend to be mute; so, stretching out her
hand to beg alms, she walked on until she came to a city
that seemed to be the land of the Prince of whom she had
become so fond.

Fuese a palacio para que la tomasen de moza,   13.3

She went to the palace to be taken as a maid,

y la admitieron.   13.4

and she was admitted.

Viola el Príncipe y la halló tan bonita, que decía: 13.5

The prince saw her and found her so beautiful that he said:

– Si no fuese muda y jorobada, me casaba con la moza,   14.1
porque tiene una cara peregrina.

– If she were not dumb and hunchbacked, I would marry
the girl, because she has a strange face.

15.1 Trataron de casar al Príncipe, y aquí de la pena y de los celos de la Princesa, que cada día se había prendado más del heredero de aquel reino.

They tried to marry the Prince, and here of the sorrow and jealousy of the Princess, who every day had fallen more and more in love with the heir of that kingdom.

16.1 Arreglados que fueron los contratos matrimoniales con otra Princesa más derecha que un huso y más parlera que una cotorra salió el Príncipe con una gran comitiva para traerla, y se hicieron en palacio grandes aprestos para la cena;

Once the marriage contracts were arranged with another Princess, straighter than a spindle and more talkative than a parrot, the Prince went out with a large retinue to bring her, and great preparations were made in the palace for supper;

16.2 a la muda la pusieron a freír unas tortas.

the mute was fried in cakes.

17.1 Estándolas friendo, le dijo a su joroba:

Standards frying, he said to his hump:

18.1 – ¿Jorobita, quieres una tortita?

– Jorobita, do you want a pancake?

19.1 La joroba, que, como fue de un viejo, era muy golosa, contestó que sí.

The hump, which, as it belonged to an old man, had a sweet tooth, said yes.

20.1 – Pues ponte en mi hombrito - le dijo la Princesa.

– Then stand on my shoulder," said the Princess.

Y le dio una torta. 21.1

And he gave her a cake.

En seguida le volvió a preguntar: 22.1

He immediately asked her again:

– ¿Jorobita, quieres otra tortita? 23.1

– Jorobita, do you want another pancake?

La joroba respondió que sí. 24.1

The hump answered yes.

Y ella le dijo: 25.1

And she told him:

– Pues ponte en mi faldita. 26.1

– Then put on my skirt.

La joroba dio un saltito y se puso en las faldas de la 27.1
Princesa, que ya estaba prevenida y con las tenazas
en la mano, cogió la joroba y la echó en el aceite
hirviendo, en el que se hizo un chicharrón.

The hump gave a little jump and jumped on the skirts of the
Princess, who was already forewarned and with the tongs
in her hand, took the hump and threw it into the boiling oil,
in which it became a crackling.

No bien se vio libre de su joroba, se fue a su cuarto, se 28.1
aseó, peinó y engalanó, y se puso un vestido verde y
oro.

As soon as she was free of her hump, she went to her room,
cleaned herself, combed and adorned her hair, and put on a
green and gold dress.

29.1 **Al llegar el Príncipe se quedó extático de ver a la muda sin su joroba,**

When the Prince arrived he was ecstatic to see the mute without her hump,

29.2 **tan bien pergeñada y bien parecida.**

so well groomed and good looking.

30.1 **La novia, que lo notó, dijo entonces:**

The bride, who noticed, then said:

31.1 **A lo que respondió muy engolletada la Princesa:**

To which the Princess replied with great enthusiasm:

32.1 **Apenas vio el Príncipe que la muda hablaba y que de la joroba no quedaba ni señal, cuando se casó con ella, tuvieron muchos hijos, fueron muy felices, y yo fui y volví con un palmo de nariz.**

As soon as the Prince saw that the mute was talking and that there was no sign of the hump, when he married her, they had many children, they were very happy, and I went and came back with a big nose.

El galleguito

The Galleguito

1.1 Había en Cádiz un galleguito muy pobre,

There was a very poor little Galician in Cadiz who wanted to go to the port to see his brother who was an errand boy there,

1.2 que quería ir al Puerto para ver a un hermano suyo que era allí mandadero; pero quería ir de balde.

but he wanted to go for nothing.

2.1 Púsose en la puerta del muelle a ver si algún patrón que fuese al Puerto lo quería llevar.

He stood at the door of the dock to see if any skipper who was going to the port wanted to take him.

2.2 Pasó un patrón, que le dijo:

A skipper passed by and said to him:

3.1 – Galleguiño, ¿te vienes al Puerto?

– Galleguiño, are you coming to the Port?

4.1 – En non tengu dineriñu;

– I don't have any money;

si me llevara de balde, patrón, iría. 4.2

if you took me for free, boss, I would go.

– Yo, no - contestó este-; 5.1

– No, not I, " he answered;

pero estate ahí, que detrás de mí viene el patrón 5.2
Lechuga, que lleva la gente de balde.

"but be there, because behind me comes the boss Lechuga,
who leads the people by the bucketful.

A poco pasó el Lechuga, y el galleguito le dijo que 6.1
si le quería llevar al Puerto de balde, y el patrón le
dijo que no.

Soon the Lechuga passed by, and the little Galleguito asked
him if he wanted to take him to the Puerto de balde, and the
skipper said no.

– Patrón Lechuja - dijo el galleguito-, ¿y si le canto a 7.1
usted una copliña que le juste, me llevará?

– Patrón Lechuja," said the little Galician, "and if I sing you
a copliña that suits you, will you take me?

– Sí; pero si no me gusta ninguna de las que cantes, 8.1

– Yes; but if I don't like any of the ones you sing,

me tienes que pagar el pasaje. 8.2

you have to pay my fare.

A lo que convino el galleguito, y se hicieron a la vela. 9.1

To which the little Galician agreed, and they set sail.

10.1 **Cuando llegaron a la barra, esto es, a la entrado del río, empezó el patrón a cobrar el pasaje a los que venían en el barco;**

When they arrived at the bar, that is, at the entrance to the river, the skipper began to collect the fare from those who came in the boat;

10.2 **y cuando llegó al galleguito,**

and when he reached the little Galician,

10.3 **le dijo este:**

the latter said to him:

11.1 **– Patrón Lechuja, allá va una copliña.**

– Patrón Lechuja, here is a couplet.

12.1 **Y empezó a cantar:**

And he began to sing:

13.1 **– ¿Ha justado, patrón? - preguntó en seguida.**

– Did it work out, boss? - he asked immediately.

14.1 **– No - respondió el patrón.**

– No," replied the boss.

15.1 **– Pues, patrón, allá va otra:**

– Well, boss, here's another one:

16.1 **– ¿Ha justado, patrón?**

– Has it been fair, boss?

17.1 **– No.**

– No.

– **Pues allá va otra:**   18.1
– Well, here's another one:

– **¿Ha justado, patrón?**   19.1
– Has it been fair, boss?

– **Esa, sí.**   20.1
– That one, yes.

– **Pues non paju - dijo alegre el galleguito.**   21.1
– Well, no paju," said the little Galician happily.

Y se fue sin pagar.   22.1
And he left without paying.

Juan Cigarrón

1.1 Había un hombre, que se llamaba Juan Cigarrón, que discurrió ganar dinero haciéndose pasar por zahorí.
There was a man, whose name was Juan Cigarrón, who tried to make money by pretending to be a dowser.

1.2 Hizo su papel a la perfección;
He played his part to perfection;

1.3 se dio tal importancia, gastó tanta fantasía, que alucinó a todo el mundo;
he gave himself such importance, he spent so much fantasy, that he hallucinated everybody;

1.4 porque habéis de saber, niños míos, que los hombres tienen una desgraciada propensión a creer lo que no deben creer.
for you must know, my children, that men have an unfortunate propensity to believe what they ought not to believe.

Así fue que Juan Cigarrón cobró por entonces una fama parecida a la que en nuestros días alcanzan otros engañabobos como él.

2.1

Thus it was that Juan Cigarrón gained a fame similar to that of other deceivers like him in our days.

Sucedió que en el palacio del Rey, fue extraída una gran cantidad de plata labrada, y por más diligencias que se hicieron, no se pudo averiguar quiénes habían sido los perpetradores del robo.

3.1

It happened that in the King's palace, a large amount of silver was extracted, and no matter how many diligences were made, it was not possible to find out who had been the perpetrators of the robbery.

Por último recurso, le aconsejaron al Rey que mandase venir al famoso zahorí, para el que nada había oculto;

4.1

As a last resort, they advised the King to send for the famous dowser, for whom nothing was hidden;

advirtiéndole que este portento no siempre contestaba,

4.2

warning him that this portent did not always answer,

sino que sólo lo hacía cuando estaba de humor de hacerlo.

4.3

but only did so when he was in the mood to do so.

5.1 El Rey mandó venir a su presencia al zahorí, que, como pueden ustedes figurarse, se quedó muerto, y más muerto, cuando el Rey le dijo que le iba a encerrar en un calabozo, y que si a los tres días no le había descubierto los autores del robo, lo mandaba ahorcar por embrollón y embustero.

The King sent for the dowser, who, as you can imagine, remained dead, and more dead, when the King told him that he was going to lock him in a dungeon, and that if after three days he had not discovered the authors of the robbery, he would have him hanged for being a liar and a deceiver.

6.1 – ¡Ya puedo prepararme a bien morir!

– I can now prepare myself to die!

6.2 pensó Juan Cigarrón cuando se halló en el calabozo.

thought Juan Cigarrón when he found himself in the dungeon.

6.3 ¡Nunca me hubiese metido a zahorí,

I would never have become a dowser,

6.4 que me cuesta la torta un pan! Tres días de vida me quedan;

it costs me a loaf of bread! Three days of life are left to me;

6.5 ni uno más, ni uno menos. ¡Bien empleado te está Juan Cigarrón!

not one more, not one less. Juan Cigarrón is well spent!

7.1 Era el caso que la plata había sido robada por tres pajes del Rey,

It was the case that the silver had been stolen by three of the King's pages,

169

y que estos estaban encargados de llevarle al preso la comida.   7.2

and that these were in charge of taking the food to the prisoner.

Cuando el primero de ellos se la llevó, exclamó Juan Cigarrón, aludiendo a los tres días de término que le había señalado el Rey: 7.3

When the first of them took it, Juan Cigarrón exclaimed, alluding to the three-day term the King had set for him:

Como el paje tenía mala conciencia y había oído decir que para aquel zahorí no había nada oculto, se sobrecogió, y dijo a sus compañeros: 8.1

As the page had a bad conscience and had heard that for that dowser there was nothing hidden, he was shocked and said to his companions:

– ¡Perdidos estamos!   9.1

– We are lost!

El zahorí sabe que somos nosotros los ladrones.   9.2

The dowser knows that we are the thieves.

Los otros no le quisieron creer;   10.1

The others did not want to believe him;

pero al segundo día, cuando otro de los pajes entró en el calabozo a llevarle la comida, y oyó a Juan Cigarrón exclamar con dolor: 10.2

but on the second day, when another of the pages entered the dungeon to bring him food, he heard Juan Cigarrón exclaim in pain:

11.1 salió más alarmado que el primero.

came out more alarmed than the first.

12.1 – Razón tenías - le dijo a su compañero-; nos conoce y somos perdidos.

– You were right," he said to his companion, "he knows us and we are lost.

13.1 Así fue que cuando al día siguiente fue el tercero con la comida,

So it was that when the next day the third went with the food,

13.2 y oyó a Juan Cigarrón que decía con desconsuelo:

and heard Juan Cigarrón saying disconsolately:

14.1 Se echó a sus pies, le confesó el delito, le ofreció devolver toda la plata robada y darle una gran regalía si no los delataba.

He threw himself at her feet, confessed the crime, offered to return all the stolen money and give her a large royalty if she did not inform on them.

15.1 Pasados los tres días, el Rey mandó que trajesen al zahorí a su presencia, el que se presentó tan orondo y tan erguido.

After three days had passed, the King ordered the dowser to be brought to his presence, and he appeared so tall and erect.

16.1 – ¿Conque - preguntó el Rey-, me traes las noticias que te he pedido?

– So," asked the King, "you bring me the news I asked for?

– Señor - respondió Juan Cigarrón con mucha 17.1
prosopopeya-, soy muy noble y muy filántropo para
que pueda delatar a nadie;
– "Sire," replied Juan Cigarrón with much prosopopopoeia,
"I am too noble and too philanthropic to give anyone away;

pero confío en que Vuestra Majestad se contentará 17.2
con que por mi arte y poder se le devuelva la plata
robada.
but I trust that your Majesty will be content that by my art
and power the stolen silver should be returned to you.

– Sí, sí - respondió el Rey-; 18.1
– Yes, yes," replied the King;

con que parezca y vuelva a mi poder, me contento. 18.2
"if it appears and returns to my power, I am content.

¿Dónde está? 18.3
Where is it?

Juan Cigarrón se irguió, 19.1
Juan Cigarrón stood up straight,

y respondió haciendo un gesto majestuoso: 19.2
and responded with a majestic gesture:

– Que vayan al calabozo en que he estado encerrado, 20.1
– Let them go to the dungeon in which I have been
confined,

y allí se encontrará. 20.2
and there they will be found.

21.1 Así se hizo, y se encontró la plata, que allí habían llevado los pajes.

This was done, and the silver was found, which the pages had brought there.

22.1 El Rey se quedó absorto y admirado, y se prendó de tal suerte de Juan Cigarrón, que le nombró zahorí mayor, adivino de cámara y acertador particular.

The King was amazed and admired, and was so taken with Juan Cigarrón that he appointed him chief diviner, chamber diviner and private fortune teller.

23.1 Pero todo esto no le hacía gracia al agraciado, que estaba temblando que se presentase otra ocasión en que recurriese Su Majestad a su ciencia, de la que temía no salir tan airoso como de la pasada.

But all this was not amusing to the gracious man, who feared that another occasion might arise in which His Majesty would have recourse to his science, from which he feared he would not emerge as successful as he had been the last time.

24.1 Y no fueron vanos sus terrores, porque un día que paseaba el Rey por sus jardines, deseoso Su Majestad de tener otra prueba más del saber de su zahorí mayor, le presentó de repente su mano cerrada, preguntándole que era lo que en ella tenía.

And his terrors were not in vain, because one day when the King was strolling through his gardens, His Majesty, desirous of having one more proof of the knowledge of his greatest dowser, suddenly presented him with his closed hand, asking him what was in it.

25.1 Al oír esta apremiante pregunta,

Hearing this pressing question,

el pobre hombre perdió la cabeza y exclamó: 25.2
the poor man lost his head and exclaimed:

El Rey abrió la boca, de la que se escapó un grito   26.1
de admiración, y la mano, de la que se escapó un
cigarrón, que era lo que en ella tenía.
The King opened his mouth, from which escaped a cry of
admiration, and his hand, from which escaped a cigarrón,
which was what he had in it.

El Rey, en su entusiasmo, le dijo al feliz adivino que   26.2
pidiera lo que quisiese, y fuese lo que fuese, le daba su
palabra real de que se lo concedería;
The King, in his enthusiasm, told the happy soothsayer to
ask for whatever he wanted, and whatever it was, he gave
him his royal word that he would grant it;

a lo que contestó en seguida: 26.3
to which he answered at once:

– Pido, Señor, que   27.1
– I ask, Lord, that

El zurrón que cantaba
The Singing Bag

1.1 **Érase una madre que no tenía más que una niña, a la que quería muchísimo, porque la niña era muy buena;**
Once upon a time there was a mother who had only a little girl, whom she loved very much, because the girl was very good;

1.2 **por lo que le había regalado una gargantilla de coral.**
so she had given her a coral choker.

2.1 **Un día le dijo que fuera por un cantarito de agua a la fuente, que estaba fuera del lugar.**
One day she told her to go to the fountain, which was outside the place, to get a little pitcher of water.

2.2 **Fue la niña, y cuando llegó a la fuente, se quitó su gargantilla de coral para que no se le cayese en el pilón a tiempo de llenar el cántaro.**
The girl went, and when she arrived at the fountain, she took off her coral choker so that it would not fall into the basin in time to fill the pitcher.

Junto a la fuente estaba sentado un pordiosero viejo,   3.1
muy feo, que llevaba un zurrón, y que miraba a la
niña con unos ojos ...que le dieron miedo;

Next to the fountain sat an old beggar, very ugly, who was
carrying a satchel, and who looked at the girl with eyes
...that frightened her;

y apenas llenó el cántaro,   3.2

and he had scarcely filled the pitcher,

cuando echó a correr y dejó olvidada la gargantilla.   3.3

when he ran away and left the choker behind.

Al entrar en su casa, la echó de menos, y se volvió   4.1
apresurada a la fuente para buscarla;

When she entered her house, she missed her, and hurried
back to the fountain to look for her;

y cuando llegó, estaba todavía allí el viejo, que cogió a   4.2
la niña y la zampó en el zurrón.

and when she got there, the old man was still there, and he
took the girl and ate her up in the bag.

En seguida, se fue a pedir limosna a una casa,   4.3
diciendo que traía una maravilla, y era un zurrón
que cantaba.

Then he went to beg for alms at a house, saying that he had
brought a marvel, and it was a bag that sang.

Ya se ve; las gentes quisieron oírlo,   4.4

The people wanted to hear him,

y el viejo dijo con una voz de trueno: 4.5

and the old man said with a voice like thunder:

5.1 La pobre niña, muerta de miedo, no tuvo más remedio que ponerse a cantar, lo que hizo llorando, de esta manera:

The poor girl, scared to death, had no choice but to start singing, which she did in tears, like this:

6.1 Cantaba tan bien la niña, que a las gentes les gustaba mucho oírla, por lo que en todas partes le daban al viejo mucho dinero porque cantase el zurrón.

The girl sang so well that people liked to hear her, so much that everywhere they gave the old man a lot of money because he sang the zurrón.

7.1 Viendo así de casa en casa, llegó a la de la madre de la niña, y conforme esta oyó el canto, conoció la voz de su hija, y le dijo al pobre:

Seeing thus from house to house, he came to the house of the girl's mother, and as she heard the song, she knew her daughter's voice, and said to the poor man:

8.1 – Tío, el tiempo está muy malo:

– Uncle, the weather is very bad:

8.2 el viento arrecia y el agua engorda;

the wind is strong and the water is getting fatter;

8.3 quédese usted aquí esta noche recogido, y le daré de cenar.

you stay here tonight, and I will give you supper.

El pobre vino en ello, y la madre de la niña le dio
tantísimo de comer y de beber, que se infló, de
manera que, después de cenar, se quedó más dormido
que un difunto.

9.1

The poor man came into it, and the girl's mother gave him
so much to eat and drink that he swelled up, so that after
supper he was as sleepy as a dead man.

Entonces sacó la madre del zurrón a su niña,

10.1

Then the mother took her little girl out of her bag,

que estaba el alma mía heladita y desfallecida;

10.2

who was cold and faint;

le dio muchos besos, bizcochos en vino, y la acostó y
arropó en la cama, y en el zurrón metió a un perro y a
un gato.

10.3

she gave her many kisses and sponge cakes in wine, and put
her to bed and tucked her in bed, and in the bag she put a
dog and a cat.

A la mañana siguiente dio el viejo las gracias,

11.1

The next morning the old man said thank you,

y se fue tan descuidado.

11.2

and left as carelessly.

En la primera casa que llegó dijo, como había dicho el
día antes, al zurrón:

11.3

At the first house he came to, he said, as he had said the day
before, to his bag:

Al punto dijo el perro:

12.1

To the point said the dog:

13.1 – Pícaro, viejo, uau, uau.

– Naughty, old, whoa, whoa, whoa.

14.1 Y el gato:

And the cat:

15.1 – Perverso, viejo, miau, miau.

– Perverse, old man, meow, meow.

16.1 Enojado el pobre, creyendo que así cantaba la niña, abrió el zurrón para castigarla;

The poor man was angry, believing that this was how the girl was singing, and he opened the bag to punish her;

16.2 entonces salieron rabiando el perro y el gato, y el gato se le abalanzó a la cara y le sacó los ojos, y el perro le arrancó de un mordisco las narices, y ...aunque testigo no he sido, así me lo han referido.

then the dog and the cat came out raging, and the cat pounced on his face and gouged out his eyes, and the dog bit off his nostrils, and ...although I have not been a witness, I have been told so.

Pico, pico, a ver si me pongo rico

Pico, pico, pico, to see if I get rich

1.1 Había una vez un molinero que tenía mucho afán por ser rico;
Once upon a time there was a miller who was very anxious to be rich;

1.2 así era que cuando se ponía a picar la piedra de su molino,
so it was that when he began to grind the stone of his mill,

1.3 repetía sin cesar al dar los golpes:
he repeated without ceasing to give the blows:

2.1 Acertó a pasar por allí el Rey,
The King happened to pass by,

2.2 y le preguntó Su Majestad qué era lo que estaba diciendo.
and His Majesty asked him what he was saying.

181

A lo cual le contestó que con su afán de salir de pobre, 2.3

To which he replied that with his eagerness to get out of
poverty,

decía: 2.4

he said:

Al punto regresó el Rey a su palacio y mandó hacer 3.1
una torta muy grande, que hizo rellenar toda de
monedas de plata, y se la envió al molinero.

At once the King returned to his palace and had a very large
cake made, which he had all filled with silver coins, and
sent it to the miller.

Cuando el molinero la vio, le dijo a su mujer: 4.1

When the miller saw her, he said to his wife:

– Mira ...mandaremos esta torta a nuestro compadre 5.1
padre, que nos favorece mucho, y podrá favorecernos
en adelante.

– Look ...we will send this cake to our compadre padre, who
favors us a lot, and will be able to favor us in the future.

Y así lo hicieron. 6.1

And so they did.

Al cabo de unos días volvió el Rey a pasar por allí, 7.1

After a few days the King returned to pass that way,

y se encontró todo tan pobre y en el mismo estado en 7.2
que lo halló la primera vez.

and found everything as poor and in the same state in
which he found it the first time.

7.3 El molinero estaba picando la piedra, y diciendo:

The miller was grinding the stone, and saying:

8.1 – ¿No recibiste - le preguntó el Rey - una torta que te mandé?

– Did you not receive," asked the King, "a cake I sent you?

9.1 – Sí, señor - contestó el molinero-;

– Yes, sir," replied the miller;

9.2 pero, ha de saber Su Real Majestad que tengo un compadre que me favorece, y a fin de aumentarle la buena voluntad, se la mandé para que se la comiese a mi salud.

"but your Royal Majesty must know that I have a compadre who favors me, and in order to increase his good will, I sent it to him so that he might eat it to my health.

10.1 – Está visto - dijo el Rey - que el que nació para pobre, por más que pique no ha de salir de su estado.

– It is seen," said the King, "that he who was born poor, no matter how much he bites, will never get out of his state.

10.2 Sabrás, hombre, como que la torta que te mandé estaba rellena de monedas de plata.

You know, man, how the cake I sent you was filled with silver coins.

11.1 El molinero se desesperó y se arrancaba los cabellos.

The miller became desperate and pulled out his hair.

– No te aflijas - le dijo el Rey-, que te he de ver rico o poco he de poder.

– Do not grieve," said the King, "for I shall see you rich, or I shall have little power.

12.1

Dicho lo cual se volvió a su palacio real y le mandó al molinero una torta rellena de monedas de oro.

Then he returned to his royal palace and sent the miller a cake filled with gold coins.

13.1

Al cabo de algún tiempo volvió el Rey a pasar por el molino,

After some time the King returned to pass by the mill,

14.1

y se alegró mucho al ver que estaba todo allí muy compuesto y renovado;

and was very happy to see that everything was there very composed and renewed;

14.2

pero cuando se acercó a la hermosa casa,

but when he approached the beautiful house,

14.3

oyó que en ella lloraban amargamente.

he heard that there was bitter weeping in it.

14.4

Indagó la causa, y supo que aquella noche había muerto el molinero, con la particularidad de tener asido en la mano un papel que nadie le podía arrancar.

He inquired the cause, and learned that the miller had died that night, with the particularity of having a paper clutched in his hand which no one could tear from him.

14.5

Entró el Rey en la estancia en que estaba el difunto;

The King entered the room where the deceased was;

14.6

14.7   el pobre estaba tendido en su féretro,

the poor man was lying on his bier,

14.8   y con la rigidez de la muerte tenía asido aquel papel
que nadie había podido arrancarle;

and with the stiffness of death he was holding that paper
which no one had been able to tear from him;

14.9   pero el cual, al acercarse el Rey, soltó
inmediatamente.

but which, as the King approached, he immediately let go.

14.10   El Rey lo recogió, y leyó estas palabras escritas en él:

The King picked it up, and read these words written on it:

Cuento de embustes

Story of Shenanigans

1.1 Había vez y vez una Princesa muy estrafalaria, que dijo a su padre, el cual deseaba que tomase estado, que no se casaría sino con aquel que supiese mentir más que ella, y ella lo hacía de manera que nadie podía sobrepujarla.

Once upon a time there was a very bizarre princess who told her father, who wanted her to become a princess, that she would only marry the one who could lie more than she could, and she did it in such a way that no one could outwit her.

1.2 Llegó esto a oídos de un pastorcillo que anidaba por el campo.

This came to the ears of a shepherd boy who nested in the field.

2.1 – Yo me presentaré - dijo para sus adentros-, que de seguro le gano en mentir la palma a la Princesa;

– I'll introduce myself," he said to himself, "I'm sure I'll beat the Princess at lying;

que mentir me lo ha enseñado una culebra   2.2
descendiente de la del Paraíso - y se fue a Palacio.
I've been taught to lie by a snake descended from the snake
of Paradise," and he left for the palace.

– ¿Qué traes?   3.1
– What are you bringing?

– le preguntó al verle llegar la Princesa.   3.2
– asked the Princess when she saw him arrive.

– Sepa V. A. R. - respondió el pastorcillo - que he   4.1
viajado mucho y que le vengo a relatar mis viajes.
– You should know," replied the shepherd boy, "that I have
traveled a great deal and that I have come to tell you about
my travels.

– Bien está - dijo la Princesa-;   5.1
– "All right," said the Princess;

pero si dices una palabra de verdad,   5.2
"but if you say a word of truth,

te mando echar a la calle con cajas destempladas.   5.3
I'll have you thrown out in the street with a bang.

– Mi primer viaje fue largo - dijo el pastorcillo-,   6.1
porque estando sembrando una palma, creció tan
de pronto y tan alta, que me levantó consigo hasta el
cielo.
– My first journey was a long one," said the shepherd boy,
"for while I was sowing a palm tree, it grew so tall and so
suddenly that it lifted me up to heaven.

6.2 Llegué allí en tan buena ocasión, que me hallé en la boda de las once mil vírgenes;

I arrived there on such a good occasion that I found myself at the wedding of the eleven thousand virgins;

6.3 y porque a una de ellas eché un requiebro, me alargó San Pedro un puntapié, que me botó fuera.

and because I made a pass at one of them, St. Peter gave me a kick, and I was thrown out.

6.4 Atravesé en mi caída el mar, y me encontré con la luna, en la que me entré por un ojo, y me hallé que tenía los sesos de plata y los cabellos de oro;

I crossed the sea in my fall, and met the moon, into which I entered through one eye, and found that my brains were silver and my hair was of gold;

6.5 me descolgué por uno de ellos;

I fell through one of them;

6.6 la luna volvió la cara, y al verme se cortó el cabello de un bocado;

the moon turned her face, and when she saw me, she cut off her hair with one bite;

6.7 este se desprendió, y caí en una calabaza, donde lo pasé muy bien, hasta que llevaron mi casa a la plaza, donde la compraron para un convento de monjas.

it fell off, and I fell into a gourd, where I had a very good time, until they took my house to the square, where they bought it for a convent of nuns.

6.8 Las monjas creyeron que era yo un gusano y me tiraron con la basura a la huerta del convento;

The nuns thought I was a worm and threw me with the garbage into the convent's vegetable garden;

habiendo caído un aguacero, me nací allí. 6.9
a downpour having fallen, I was born there.

Corteme las raíces con mi navaja y eché a andar por 6.10
esos mundos.
I cut my roots with my razor and began to wander through
those worlds.

Llegué a un río, eché las redes, y pesqué un borrico; 6.11
I came to a river, cast my nets, and caught a donkey;

me monté en él y seguí caminando. 6.12
I got on it and walked on.

A los dos días vi que tenía el animal una matadura; 6.13
Two days later, I saw that the animal had a slaughter;

se le enseñé a un albéitar, que me mandó que le 6.14
pusiera habas;
I showed it to an albéitar, who ordered me to put
beans on it;

se las puse y nació un habar que parecía un bosque; 6.15
I put them on it and a bean field was born that looked like a
forest;

cogí una escopeta y me puse a cazar en él y maté a un 6.16
jabalí;
I took a shotgun and started hunting in it and killed a wild
boar;

era hembra, y después de muerta parió una vieja, que 6.17
bauticé, y le puse "Nací-tarde".
it was a female, and after it died it gave birth to an old
woman, whom I baptized, and I called her "Nací-tarde" (I
was born in the afternoon).

6.18 La tía "Nací- tarde"

The aunt "Born- late"

6.19 se enamoró de mí, y por verme libre de ella me subí en una tortuga que corría más que el viento, y en un santiamén me llevó a los profundos centros de los mares.

fell in love with me, and to see me free of her I got on a turtle that ran faster than the wind, and in a jiffy it took me to the deep centers of the seas.

6.20 Allí me encontré un convento de sardinas, de que era priora una ballena, que al verme abrió su bocaza y me tragó;

There I found a convent of sardines, of which a whale was the prioress, and when it saw me it opened its big mouth and swallowed me;

6.21 pero con un chorro de agua, que echó por las narices me lanzó a la orilla.

but with a jet of water, which it poured out of its nostrils, it threw me to the shore.

6.22 Allí me encontraron tendido unos marineros, y como la sal del mar se había cuajado, y estaba yo todo blanco y agarrotado, me vendieron a unos

There some sailors found me lying there, and as the salt of the sea had set, and I was all white and stiff, they sold me to some

6.23 "santi-barati", que a su vez me vendieron a un sevillano, que me puso en el patio de su casa, rodeado de tiestos con matas.

"santi-barati", who in turn sold me to a Sevillian, who put me in the courtyard of his house, surrounded by pots with bushes.

La primera noche llovió,   6.24
The first night it rained,

y con eso se me derritió la sal y pude echar a correr.   6.25
and with that the salt melted and I was able to run.

Supe que Su Alteza Real buscaba para premiarlo a   6.26
uno que fuese más embustero que ella,
I knew that Her Royal Highness was looking for someone to
reward him who was more deceitful than she was,

y dije: Allá voy a probarle que yo lo soy.   6.27
and I said: Here I go to prove to her that I am.

– Pues ya dijiste una verdad, pues mientes más que   7.1
yo - dijo la Princesa-, por lo cual no te puedes casar
conmigo;
– Well, you have already told the truth, for you lie more
than I do," said the Princess, "for which reason you cannot
marry me;

pero como has mentido tan bien, mejor que otro   7.2
alguno, es justo que te premie y te dé un buen
destino.
but as you have lied so well, better than anyone else, it
is only just that I should reward you and give you a good
destination.

¿Qué destino hay vacante?   7.3
What destination is vacant?

– preguntó S. A. R. al ministro.   7.4
– asked H.R.H. to the minister.

8.1 – Señora - respondió el ministro-, no hay otro alguno que el de director de la "Gaceta", por haber muerto esta mañana el que lo era.

– Madam," replied the minister, "there is none other than that of director of the "Gazette," since the former director died this morning.

9.1 – Pues que sea inmediatamente dado dicho destino a este pastor, por los méritos que ha contraído - repuso la Princesa.

– Then," said the Princess, "let this shepherd be immediately assigned to this destination, because of the merits he has acquired.

10.1 Y así sucedió,

And so it happened,

10.2 y el pastorcillo siguió mintiendo en la "Gaceta",

and the shepherd boy continued to lie in the "Gazette",

10.3 por lo cual las gentes dieron en decir: "Mientes más que la

for which the people began to say: "You lie more than the

10.4 'Gaceta"';

'Gazette"';

10.5 dicho que se hizo refrán y dura hasta el día.

a saying that became a refrain and lasts to this day.

El duendecillo fraile

The Little Elf Friar

1.1 **Había una vez tres hermanitas que se mantenían amasando de noche una faneguita de harina.**
Once upon a time there were three little sisters who kept kneading a small loaf of flour at night.

1.2 **Un día se levantaron de madrugada para hacer su faena, y se la hallaron hecha, y los panes prontos para meterlos en el horno, y así sucedió por muchos días.**
One day they got up early in the morning to do their work, and found it done, and the loaves ready to be put in the oven, and so it went on for many days.

1.3 **Queriendo averiguar quién era el que tal favor les hacía, se escondieron una noche, y vieron venir a un duende muy chiquito, vestido de fraile, con unos hábitos muy viejos y rotos.**
Wanting to find out who it was that was doing them such a favor, they hid one night, and saw a very small goblin coming, dressed as a friar, with some very old and torn habits.

1.4 **Agradecidas le hicieron unos nuevos,**
Gratefully they made him new ones,

que colgaron en la cocina. 1.5

which they hung in the kitchen.

Vino el duende y se los puso, y en seguida se fue 1.6
diciendo:

The goblin came and put them on, and immediately left,
saying:

Esto prueba, niños míos, que como el duendecito hay 2.1
muchos, que son complacientes y oficiosos hasta que
logran un beneficio, y que una vez recibido, no se
vuelven a acordar de quien se lo hizo.

This proves, my children, that like the little elf there are
many, who are complacent and officious until they achieve
a benefit, and that once received, they do not remember
again who did it to them.

La gallina duende

The Goblin Hen

1.1 Una mujer vio entrar en su corral una hermosa gallina negra, la que a poco puso un huevo que parecía de pava, y más blanco que la cal.

A woman saw a beautiful black hen come into her barnyard, which soon laid an egg that looked like a turkey hen's, and whiter than whitewash.

1.2 Estaba la mujer loca con su gallina,

The woman was crazy about her hen,

1.3 que todos los días ponía su hermosísimo huevo.

who laid her beautiful egg every day.

1.4 Pero hubo de acabársele la overa, y la gallina dejó de poner, y su ama se incomodó tanto, que dejó de darla trigo, diciendo:

But she had to run out of overa, and the hen stopped laying, and her mistress became so uncomfortable that she stopped giving her wheat, saying:

2.1 – Gallina que no pone, trigo no come.

– A hen that does not lay, wheat does not eat.

A lo que la gallina, abriendo horrorosamente el pico, contestó:

3.1

To which the hen, opening her beak horrifyingly, replied:

– Poner huevo y no comer trigo, eso no es conmigo.

4.1

– Egging and not eating wheat, that's not with me.

Y abriendo las alas, dio un volteo, se salió por la ventana y desapareció, por lo que la mujer se cercioró de que la tal gallina era un duende, que se fue sentido por la avaricia de la dueña.

5.1

And opening its wings, it flapped its wings, flew out of the window and disappeared, so that the woman was sure that the hen was a goblin, which was felt by the greed of the owner.

Medio Pollito (extraído de "La Gaviota")

Half-Chick (extracted from "La Gaviota")

1.1 – Érase vez y vez una hermosa gallina, que vivía muy holgadamente en un cortijo, rodeada de su numerosa familia, entre la cual se distinguía un pollo deforme y estropeado.

– Once upon a time there was a beautiful hen, who lived very comfortably in a farmhouse, surrounded by her numerous family, among which there was a deformed and spoiled chicken.

1.2 Pues este era justamente el que la madre quería más;

For this was just the one that the mother wanted the most;

1.3 que así hacen siempre las madres.

that's how mothers always do.

1.4 El tal aborto había nacido de un huevo muy rechiquetetillo.

This abortion had hatched from a very stubby egg.

1.5 No era más que un pollo a medias;

It was only a half-chicken;

y no parecía sino que la espada de Salomón había   1.6
ejecutado en él la sentencia que en cierta ocasión
pronunció aquel rey tan sabio.

and it seemed as if the sword of Solomon had executed in it
the sentence once pronounced by that wise king.

No tenía más que un ojo, un ala y una pata, y con todo   1.7
eso, tenía más humos que su padre, el cual era el gallo
más gallardo, más valiente y más galán que había en
todos los corrales de veinte leguas a la redonda.

He had but one eye, one wing, and one leg, and yet he had
more smoke than his father, who was the most gallant,
the bravest, and the most gallant rooster in all the pens for
twenty leagues around.

Creíase el polluelo el fénix de su casa.   1.8

The chick thought he was the phoenix of his house.

Si los demás pollos se burlaban de él,   1.9

If the other chickens made fun of him,

pensaba que era por envidia;   1.10

he thought it was out of envy;

y si lo hacían las pollas, decía que era de rabia, por el   1.11
poco caso que de ellas hacía.

and if the cocks did it, he said it was out of rage, because of
the little attention he paid to them.

Un día le dijo a su madre: "Oiga usted, madre.   2.1

One day he said to his mother: "Listen, mother.

El campo me fastidia. Me he propuesto ir a la corte;   2.2

The countryside annoys me. I've made up my mind to go to
court;

200

2.3 quiero ver al rey y a la reina."

I want to see the king and queen."

3.1 La pobre madre se echó a temblar al oír aquellas palabras.

The poor mother shuddered at those words.

4.1 "Hijo - exclamó-, ¿quién te ha metido en la cabeza semejante desatino?

"Son," she exclaimed, "who has put such folly into your head?

4.2 Tu padre no salió jamás de su tierra,

Your father never left his land,

4.3 y ha sido la honra de su casta.

and has been the honor of his caste.

4.4 ¿Dónde encontrarás un corral como el que tienes?

Where will you find a farmyard like the one you have?

4.5 ¿Dónde un montón de estiércol más soberbio?

Where a more superb dung-heap?

4.6 ¿Un alimento más sano y abundante, un gallinero tan abrigado cerca del andén, una familia que más te quiera?"

A healthier and more plentiful food, a hen-house so sheltered near the platform, a family that loves you more?"

"Nego - dijo Medio-pollito en latín, pues la echaba de
leído y escribido-, mis hermanos y mis primos son
unos ignorantes y unos palurdos."

5.1

"Nego," said Medio-pollito in Latin, for he was throwing
her out of read and written, "my brothers and my cousins
are ignorant, and rubes."

"Pero hijo mío - repuso la madre-, ¿no te has mirado
al espejo? ¿No te ves con una pata y con un ojo de
menos?"

6.1

"But my son," replied the mother, "haven't you looked in
the mirror, don't you see yourself with one leg and one eye
missing?"

"Ya que me sale usted por ese registro - replicó
Medio-pollito-, diré que debía usted caerse muerta
de vergüenza al verme en este estado.

7.1

"Since you're coming out for that record," replied Half-
chicken, "I'll say that you ought to drop dead with shame to
see me in this state.

Usted tiene la culpa, y nadie más.

7.2

You are to blame, and no one else.

¿De qué huevo he salido yo al mundo?

7.3

What egg did I come out of in the world?

¿A que fue del de un gallo viejo?'

7.4

Was it that of an old rooster?"

"No, hijo mío - dijo la madre-;

8.1

"No, my son," said the mother;

de esos huevos no salen más que basiliscos.

8.2

"from those eggs come nothing but basilisks.

8.3 Naciste del último huevo que yo puse;
You hatched from the last egg that I laid;

8.4 y saliste débil e imperfecto,
and you came out weak and imperfect,

8.5 porque aquel era el último de la overa.
because that was the last one in the ovary.

8.6 No ha sido, por cierto, culpa mía."
It was certainly not my fault."

9.1 "Puede ser - dijo Medio-pollito con la cresta encendida como la grama-, puede ser que encuentre un cirujano diestro que me ponga los miembros que me faltan.
"It may be," said Medio-pollito, his crest burning like grass, "it may be that I will find a skilled surgeon to put on my missing limbs.

9.2 Conque, no hay remedio; me marcho."
So, there's no remedy; I'm leaving."

10.1 – Cuando la pobre madre vio que no había forma de disuadirle de su intento,
– When the poor mother saw that there was no way to dissuade him from his attempt,

10.2 le dijo:
she said to him:

11.1 "Escucha a lo menos, hijo mío, los consejos prudentes de una buena madre.
"Listen at least, my son, to the prudent advice of a good mother.

Procura no pasar por las iglesias donde está la imagen de San Pedro: 11.2
Try not to pass by the churches where the image of St. Peter is:

el santo no es muy aficionado a gallos, 11.3
the saint is not very fond of roosters,

y mucho menos a su canto. 11.4
much less of their crowing.

Huye también de ciertos hombres que hay en el mundo, llamados cocineros, los cuales son enemigos mortales nuestros y nos tuercen el cuello en un santiamén. 11.5
Flee also from certain men in the world, called cooks, who are our mortal enemies and who will wring our necks in a jiffy.

Y ahora, hijo mío, Dios te guíe y San Rafael Bendito, que es abogado de los caminantes. 11.6
And now, my son, may God guide you and Saint Raphael Blessed, who is the advocate of the wayfarers.

Anda y pídele a tu padre su bendición." 11.7
Go and ask your father for his blessing."

– Medio-pollito se acercó al respetable autor de sus días, 12.1
– Half-chicken approached the respectable author of his days,

bajó la cabeza para besarle la pata y le pidió la bendición. 12.2
lowered his head to kiss his paw and asked for his blessing.

12.3 El venerable pollo se la dio con más dignidad que ternura, porque no le quería, en vista de su carácter díscolo.

The venerable chicken gave it to him with more dignity than tenderness, because he did not love him, in view of his fractious character.

12.4 La madre se enterneció,

The mother was touched,

12.5 en términos de tener que enjugarse las lágrimas con una hoja seca.

in terms of having to wipe away her tears with a dry leaf.

13.1 Medio-pollito tomó el portante, batió el ala, y cantó tres veces, en señal de despedida.

Half-chicken took the carrier, flapped the wing, and sang three times, as a sign of farewell.

13.2 Al llegar a las orillas de un arroyo casi seco, porque era verano, se encontró con que el escaso hilo de agua se hallaba detenido por unas ramas.

Arriving at the banks of a stream that was almost dry, because it was summer, he found that the scarce trickle of water was stopped by some branches.

13.3 El arroyo al ver al caminante, le dijo:

The brook seeing the wayfarer, said to him:

14.1 "Ya ves, amigo, qué débil estoy:

"You see, friend, how weak I am:

14.2 apenas puedo dar un paso ni tengo fuerzas bastantes para empujar esas ramillas incómodas que embarazan mi senda.

I can hardly take a step nor do I have enough strength to push those awkward twigs that embarrass my path.

Tampoco puedo dar un rodeo para evitarlas,   14.3
Nor can I make a detour to avoid them,

porque me fatigaría demasiado.   14.4
for it would tire me too much.

Tú puedes fácilmente sacarme de este apuro,   14.5
apartándolas con tu pico.
You can easily get me out of this predicament by pushing
them aside with your beak.

En cambio, no sólo puedes apaciguar tu sed en mi   14.6
corriente, sino contar con mis servicios cuando el
agua del cielo haya restablecido mis fuerzas."
On the other hand, you can not only quench your thirst in
my stream, but count on my services when the water from
heaven has restored my strength."

– El pollito le respondió: 15.1
– The chick answered him:

"Puedo, pero no quiero.   16.1
"I can, but I don't want to.

¿Acaso tengo yo cara de criado de arroyos pobres y   16.2
sucios?"
Do I look like a servant of poor and dirty streams?"

"¡Ya te acordarás de mí cuando menos lo pienses!",   17.1
"You'll remember me when you least expect it!",

murmuró con voz debilitada el arroyo.   17.2
muttered the brook in a weakened voice.

"¡Pues no faltaba más que la echaras de buche!   18.1
"Well, you'll just have to throw her out of your mouth!

18.2 – dijo Medio-pollito con socarronería-.
– said Medio-pollito sardonically.

18.3 No parece sino que te has sacado un terno a la lotería,
You look as if you had won a lottery suit,

18.4 o que cuentas de seguro con las aguas del diluvio."
or that you were counting on the waters of the deluge for sure."

19.1 – Un poco más lejos encontró al viento,
– A little farther on he found the wind,

19.2 que estaba tendido y casi exánime en el suelo:
who was lying almost lifeless on the ground:

20.1 "Querido Medio-pollito - le dijo-, en este mundo todos tenemos necesidad unos de otros.
"Dear little half-chicken," he said to it, "in this world we all have need of one another.

20.2 Acércate y mírame.
Come closer and look at me.

20.3 ¿Ves cómo me ha puesto el calor del estío; a mí, tan fuerte, tan poderoso; a mí, que levanto las olas, que arraso los campos, que no hallo resistencia a mi empuje?
You see how the heat of the summer has made me, me, so strong, so powerful; me, who lifts the waves, who sweeps the fields, who finds no resistance to my thrust?

20.4 Este día de canícula me ha matado;
This day of heat wave has killed me;

me dormí embriagado con la fragancia de las flores   20.5
con que jugaba,

I fell asleep intoxicated with the fragrance of the flowers I
was playing with,

y aquí me tienes desfallecido.   20.6

and here I am faint.

Si tú quisieras levantarme dos dedos del suelo con   20.7
el pico y abanicarme con tu ala, con esto tendría
bastante para tomar vuelo y dirigirme a mi caverna,
donde mi madre y mis hermanas, las tormentas,
se emplean en remendar unas nubes viejas que yo
desgarré.

If you would lift me two fingers off the ground with your
beak and fan me with your wing, that would be enough for
me to take flight and go to my cave, where my mother and
my sisters, the storms, are busy mending some old clouds
that I tore apart.

Allí me darán unas sopitas y cobraré nuevos bríos."   20.8

There they will give me some sopitas and I will gain new
strength."

"Caballero - respondió el malvado pollito-: hartas   21.1
veces se ha divertido usted conmigo, empujándome
por detrás y abriéndome la cola, a guisa de abanico,
para que se mofaran de mí todos los que me veían.

"Gentleman," replied the wicked little chick, "you have
amused yourself with me many times, pushing me from
behind and opening my tail, like a fan, so that all those who
saw me would jeer at me.

No, amigo; a cada puerco le llega su San Martín;   21.2

No, friend; to every swine comes his St. Martin;

21.3 y a más ver, señor farsante."

and to see more of it, Mr. Phoney."

22.1 – Esto dijo, cantó tres veces con voz clara, y pavoneándose muy hueco, siguió su camino.

– This he said, sang three times in a clear voice, and strutting very hollowly, went on his way.

23.1 En medio de un campo segado, al que habían pegado fuego los labradores, se alzaba una columnita de humo.

In the middle of a mown field, which had been set on fire by the farmers, rose a little column of smoke.

23.2 Medio-pollito se acercó y vio una chispa diminuta,

Half-chicken approached it and saw a tiny spark,

23.3 que se iba apagando por instantes entre las cenizas.

which was fading by the minute among the ashes.

24.1 "Amado Medio-pollito - le dijo la chispa al verle-: a buena hora vienes para salvarme la vida.

Beloved Half-chicken," said the spark when it saw him, "you have come to save my life at the right time.

24.2 Por falta de alimento estoy en el último trance.

For lack of food I am in the last trance.

24.3 No sé dónde se ha metido mi primo el viento,

I don't know where my cousin the wind has got to,

24.4 que es quien siempre me socorre en estos lances.

he is the one who always helps me in these situations.

Tráeme unas pajitas para reanimarme. '   24.5
Bring me some straws to revive me."

"¿Qué tengo yo que ver con la jura del rey?   25.1
"What have I got to do with the king's swearing in?

– le contestó el pollito-. Revienta si te da gana,   25.2
– replied the chick. Burst if you feel like it,

que maldita la falta que me haces."   25.3
I'll be damned if I'll miss you."

"¿Quién sabe si te haré falta algún día? - repuso la   26.1
chispa-.
"Who knows if I'll miss you one day? - said the spark.

Nadie puede decir de este agua no beberé."   26.2
No one can say of this water I shall not drink."

"¡Hola! - dijo el perverso animal-.   27.1
"Hello! said the perverse animal-.

¿Con que todavía echas plantas? Pues tómate esa."   27.2
So you're still throwing plants? Then take that one."

– Y diciendo esto, le cubrió de cenizas;   28.1
– And so saying, he covered him with ashes;

tras lo cual, se puso a cantar, según su costumbre,   28.2
como si hubiera hecho una gran hazaña.
after which he began to sing, according to his custom, as if
he had done a great deed.

29.1 "Medio-pollito llegó a la capital;
"Half-pollito arrived at the capital;

29.2 pasó por delante de una iglesia,
he passed in front of a church,

29.3 que le dijeron era la de San Pedro;
which he was told was that of St. Peter;

29.4 se puso enfrente de la puerta y allí se desgañitó cantando, no más que por hacer rabiar al santo y tener el gusto de desobedecer a su madre.
he stood in front of the door, and there he burst out singing, no more than to make the saint angry, and to have the pleasure of disobeying his mother.

30.1 "Al acercarse a palacio, donde quiso entrar para ver al rey y a la reina, los centinelas le gritaron:
"As he approached the palace, where he wanted to enter to see the king and queen, the sentries shouted to him:

30.2 "¡Atrás!"
"Stand back!"

30.3 Entonces dio la vuelta y penetró por una puerta trasera en una pieza muy grande,
Then he turned around and penetrated through a back door into a very large room,

30.4 donde vio entrar y salir mucha gente.
where he saw many people going in and out.

30.5 Preguntó quiénes eran y supo que eran los cocineros de su majestad.
He asked who they were and learned that they were her majesty's cooks.

En lugar de huir, como se lo había prevenido su madre, entró muy erguido de cresta y cola; 30.6

Instead of running away, as his mother had warned him, he entered very erect with crest and tail;

pero uno de los galopines le echó el guante y le torció el pescuezo en un abrir y cerrar de ojos. 30.7

but one of the gallopers laid a glove on him and twisted his neck in the twinkling of an eye.

"Vamos - dijo-, venga agua para desplumar a este penitente." 31.1

"Come on," said he, "come water to pluck this penitent."

"¡Agua, mi querida doña Cristalina! 32.1

"Water, my dear doña Cristalina!

– dijo el pollito-, hazme el favor de no escaldarme. 32.2

– Have pity on me," said the chick, "do me the favor of not scalding me.

¡Ten piedad de mí!" 32.3

Have pity on me!"

"¿La tuviste tú de mí, cuando te pedí socorro, mal engendro?", 33.1

"Did you have it on me, when I asked you for help, you evil spawn?",

le respondió el agua, hirviendo de cólera; 33.2

replied the water, boiling with anger;

y le inundó de arriba abajo, 33.3

and it flooded him from top to bottom,

33.4 mientras los galopines le dejaban sin una pluma para un remedio.

while the gallops left him without a feather for a remedy.

34.1 Paca, que estaba arrodillada junto a su abuela, se puso colorada y muy triste.

Paca, who was kneeling beside her grandmother, became flushed and very sad.

35.1 – El cocinero entonces - continuó la tía María-, agarró a Medio-pollito y le puso en el asador.

– The cook then," continued Aunt Maria, "grabbed Half-chicken and put him on the spit.

36.1 "¡Fuego, brillante fuego!

"Fire, bright fire!

36.2 – gritó el infeliz-, tú, que eres tan poderoso y tan resplandeciente, duélete de mi situación;

– cried the wretch, "you, who are so powerful and so resplendent, duelete yourself from my situation;

36.3 reprime tu ardor, apaga tus llamas, no me quemes."

repress your ardor, extinguish your flames, do not burn me."

37.1 "¡Bribonazo! - respondió el fuego-;

"Bribonazo! - " replied the fire;

37.2 ¿cómo tienes valor para acudir a mí, después de haberme ahogado, bajo el pretexto de no necesitar nunca de mis auxilios?

"how have you courage to come to me, after having drowned me, under the pretext of never needing my help?

Acércate y verás lo que es bueno." 37.3

Come nearer, and you will see what is good."

– Y en efecto, no se contentó con dorarle, sino que le 38.1
abrasó hasta ponerle como un carbón.

– And indeed, she was not content to gild him, but burned
him to a cinder.

Al oír esto, los ojos de Paca se llenaron de lágrimas. 39.1

Hearing this, Paca's eyes filled with tears.

– Cuando el cocinero le vio en tal estado - continuó la 40.1
abuela-, le agarró por la pata y le tiró por la ventana.

– When the cook saw him in such a state," continued the
grandmother, "he grabbed him by the leg and threw him
out of the window.

Entonces el viento se apoderó de él. 40.2

Then the wind took hold of him.

"Viento - gritó Medio-pollito-, mi querido, mi 41.1
venerable viento, tú, que reinas sobre todo y a
nadie obedeces, poderoso entre los poderosos, ten
compasión de mí, déjame tranquilo en ese montón de
estiércol."

"Wind," cried Half-chicken, "my dear, my venerable wind,
you who reign over all and obey no one, mighty among
the mighty, have pity on me, leave me alone on that dung
heap."

"¡Dejarte! 42.1

"Leave you!

42.2 – rugió el viento arrebatándole en un torbellino y volteándole en el aire como un trompo-;

– roared the wind snatching him up in a whirlwind and flipping him in the air like a spinning top;

42.3 no en mis días."

not in my days."

43.1 Las lágrimas que se asomaron a los ojos de Paca, corrían ya por sus mejillas.

The tears that peeped into Paca's eyes were already running down her cheeks.

44.1 – El viento - siguió la abuela - depositó a Medio-pollito en lo alto de un campanario.

– The wind," continued the grandmother, "deposited Medio-pollito on top of a bell tower.

44.2 San Pedro extendió la mano y lo clavó allí de firme.

St. Peter stretched out his hand and nailed him firmly there.

44.3 Desde entonces ocupa aquel puesto, negro, flaco y desplumado, azotado por la lluvia y empujado por el viento, del que guarda siempre la cola.

Since then he has occupied that post, black, skinny and plucked, whipped by the rain and pushed by the wind, from which he always keeps his tail.

44.4 Ya no se llama Medio-pollito, sino veleta;

He is no longer called Medio-pollito, but weathervane;

44.5 pero sépanse ustedes que allí está pagando sus culpas y pecados;

but you know that there he is paying for his faults and sins;

su desobediencia, su orgullo y su maldad. 44.6

his disobedience, his pride and his wickedness.

Möwenstein Books

www.mowenstein.com

Renowned Authors

H. G. Wells • Ernest Hemingway
H. P. Lovecraft • Lewis Carroll
Franz Kafka • Friedrich Nietzsche
Albert Einstein • Oscar Wilde
Hans Christian Andersen

Notable Works

Frankenstein • *Alice in Wonderland*
Heart of Darkness • *The Great Gatsby*
Siddhartha • *The Metamorphosis*
Thus Spoke Zarathustra

Translation Services

We offer translation services in various languages, including German, Spanish, Chinese, Korean, Arabic, and more. For custom translations or revisions, please contact us at:

Email: translation@mowenstein.com

Our Collections

Franz Kafka Collection

- The Metamorphosis / Die Verwandlung
- The Trial / Der Prozess
- The Castle / Das Schloss
- and many more...

Pakt mit dem Teufel

- Faust Parts I & II by Johann Wolfgang von Goethe
- Doctor Faustus by Christopher Marlowe

Portraits of Irishmen

- The Picture of Dorian Gray by Oscar Wilde
- A Portrait of the Artist as a Young Man by James Joyce

Children's Classics

- Winnie-the-Pooh / Pu der Bär
- Brothers Grimm Fairy Tales
- Fairy Tales Told for Children
    - Author: Hans Christian Andersen

Visit Us

At Möwenstein Books, we are committed to providing high-quality bilingual editions of classic works. Explore our collections and discover more titles across various genres and languages.

Website: www.mowenstein.com